Raymond A. Moody

Nachgedanken über das Leben nach dem Tod

Rowohlt

Die Originalausgabe erschien 1977 unter dem Titel
Reflections On Life After Life
als Bantam/Mockingbird Book
Bantam Books, Inc., New York
Übersetzung aus dem Amerikanischen
von Hermann Gieselbusch
Umschlagentwurf von Werner Rebhuhn
(Ausschnitt aus dem Gemälde:
«Phryne besucht als Venus das öffentliche Bad;
Demosthenes wird von Äschines getadelt»
von William Turner/Tate Gallery, London)

1.–25. Tausend Februar 1978
26.–45. Tausend Februar 1978
46.–65. Tausend April 1978
66.–68. Tausend Mai 1981

Gesamtherstellung Clausen & Bosse, Leck
Printed in Germany
ISBN 3 498 04253 x

Mit Liebe
für Elizabeth,
die uns den Weg erkennen half,
und für Vi, Andy und Dannion,
drei, die zurückgekehrt sind.

Abraham sprach zu ihm:
«Sie haben Mose und die Propheten;
laß sie dieselben hören.»
Er aber sprach:
«Nein, Vater Abraham!
sondern wenn einer von den Toten zu ihnen ginge,
so würden sie Buße tun.»
Er sprach zu ihm:
«Hören sie Mose und die Propheten nicht,
so werden sie auch nicht glauben,
wenn jemand von den Toten aufstände.»

Lukas 16, 29–31

Seltsam, nicht wahr, daß Menschen ohne Zahl
Vor uns durchschreiten schon das finstere Portal,
Und keiner kehrt zurück und kündet uns den Weg,
Den wir erst kennen, gehn wir selber ihn einmal.

Sinnspruch aus den Rubaijat des
persischen Dichterphilosophen
Omar Chajjam,
genannt «der Zeltmacher»
(1045–1122)

Danksagungen

Die Entstehungszeit dieses Buches dauerte weit länger als ein Jahr. Während dieser Periode haben mir viele Menschen und Institutionen dabei geholfen, das Konzept dieses Buches zu erarbeiten und in konkrete Formen zu bringen. An erster Stelle habe ich den vielen hundert Menschen zu danken, die mir mündlich oder schriftlich von ihren geistigen Erfahrungen berichtet haben, die sie im Angesicht ihres nahen Todes gemacht hatten. Viele, viele Menschen haben die Mühe nicht gescheut, mir Stellungnahmen, Fragen, Anregungen und Hinweise auf einschlägige Literatur zu schreiben. Ihre Hilfsbereitschaft war hochwillkommen.

Frau Dr. med. Elisabeth Kübler-Ross hat mich ermutigt, die Arbeit fortzuführen und weiter das Gespräch mit Betroffenen über ihre Todesbegegnungen zu suchen. Dr. med. Ian Stevenson hat mich unterstützt durch seine kritische Revision des methodologischen Teils. Dr. med. George Ritchie hat das Manuskript gelesen und wertvolle Anmerkungen beigesteuert, und dies sogar zu einer Zeit, als er stark beansprucht war nicht nur in seiner ärztlichen Praxis, sondern auch mit der Niederschrift eines Buches über seine eigene Sterbeerfahrung. Frau Dr. med. Beverley Belk konnte auf Grund ihres reichen praktischen Wissens und dank ihrer subtilen klinischen Beobachtungsgabe viele interessante Vorschläge machen, wie dieses Phänomen wissenschaftlich untersucht werden könnte. John Audette hat viel Zeit in der Bibliothek dafür geopfert, Literatur über das Thema dieses Buches aufzuspüren und eine Bibliographie zusammenzustellen.

Mein ganz besonderer Dank gilt John Egle vom Verlag Mockingbird Books: er hat mir mehr geholfen, als ich hier aufzählen könnte. Am Ende, doch nicht am wenigsten möchte ich meiner Frau Louise und meinen beiden Söhnen danken für alles, was sie dazu getan haben, um das vorliegende Buch zu ermöglichen.

Inhalt

Einleitung

Der vorliegende Band, der in Verbindung mit meinem früheren Buch *Leben nach dem Tod* gelesen werden sollte, erweitert und ergänzt einige der dort diskutierten Begriffe und Befunde.

Seit dem Erscheinen von *Leben nach dem Tod* ergaben sich zahlreiche neue Gelegenheiten, mit Menschen ins Gespräch zu kommen, die Todesnähe-Erfahrungen gemacht hatten. Ja, ich stoße zur Zeit in so rascher Folge auf immer neue Fallbeispiele für dieses Phänomen, daß ich mit dem Nachzählen gar nicht mehr hinterherkomme. Wie bei meiner vorangegangenen Untersuchung, so waren auch diesmal wieder einige der Betroffenen direkt für klinisch tot erklärt worden, während andere dem Tode nur sehr nahe gekommen sind, bei einem schweren Unfall zum Beispiel. In der Fülle des neuen Materials tauchten regelmäßig die fünfzehn gemeinsamen Elemente wieder auf, die in *Leben nach dem Tod* erörtert worden waren. Darüber hinaus sind mir einige neue und außergewöhnliche Erfahrungen mitgeteilt worden, welche den Kanon der Elemente aufzustocken scheinen.

Schon seit etlichen Jahren beschäftigt mich die Frage:

Wenn diese Erfahrungen tatsächlich dermaßen häufig vorkommen, wie ich es festgestellt habe, warum sammeln dann nicht noch mehr Leute solche Berichte? Wenn ich über meine Forschungsarbeit referierte, beschlich mich immer das Gefühl, die anderen könnten von mir denken, ich hätte mir das Ganze einfach zusammengesponnen. Ich verfiel sogar auf den Gedanken, vielleicht sei dieses Phänomen ja gar nicht so gang und gäbe, vielleicht sei ich infolge einer abenteuerlichen Verkettung von Zufällen ausgerechnet auf die einzigen Fallbeispiele gestoßen, die es für diese Erfahrung überhaupt gab und jemals geben würde. Der eine Gedanke hat mich regelrecht verfolgt: mein Buch *Leben nach dem Tod* beziehe seine Glaubwürdigkeit zum größten Teil aus einer gewissen Wiederholbarkeit, nämlich aus der Behauptung, daß jeder beliebige Interessent aus eigenen Stücken in der Lage sei, genügend Fälle aufzuspüren, sofern er nur etwas Einfühlungsvermögen und Sorgfalt besitzt.

Einige Vorgänge in jüngster Zeit haben zum Glück meine diesbezüglichen Sorgen großenteils entkräftet. Es zeigte sich mir nämlich, daß mehrere andere Mediziner – am bekanntesten darunter Frau Dr. Elisabeth Kübler-Ross – auf demselben Forschungsgebiet tätig waren und zu deckungsgleichen Ergebnissen gekommen waren. Als Frau Dr. Kübler-Ross ein Vorausexemplar meines ersten Buches zugeschickt bekam, konnte sie doch tatsächlich meinem Verleger schreiben, sie hätte dieses Manuskript selber verfaßt haben können nach allem, woran sie gearbeitet hatte. Sie teilt mit, sie verfüge gegenwärtig über mehrere hundert solcher Berichte und bereite nunmehr ein größeres Buch über dieses Thema vor. Zahlreiche Ärzte und Theologen haben mir ebenfalls bezeugt, sie hätten schon seit langem einzelne Fallbeispiele für dieses Phänomen gekannt und hätten auch geahnt, daß es doch recht weit verbreitet sein müsse.

Wenn ich früher einen Vortrag über dieses Thema hielt, haben sich Zuhörer, die selber konkret mit dem Phänomen ihres eigenen Todes in Berührung gekommen waren, hinterher eingefunden und wollten mit mir unter vier Augen sprechen. Seit einigen Monaten dagegen fällt mir eine ganz neuartige Offenheit und Aussagebereitschaft auf. Manch einer steht auf und erzählt während der Diskussion nach meiner Aussprache öffentlich und unaufgefordert von seinen Erlebnissen. Auf diese Weise erleben viele andere neuerdings, daß sie mit eigenen Ohren hören, was direkte Zeugen über ihre Sterbeerlebnisse zu sagen haben, und verspüren dabei einen Hauch von jener Herzenswärme und Wahrhaftigkeit, die mir in diesen Aussagen begegnet sind.

Auf Grund dieser und noch vieler anderer Ereignisse ähnlicher Art kann ich nunmehr mit ruhiger Gewißheit sagen, dieses Phänomen – was es auch immer letzten Endes bedeuten mag – ist *wirklich* etwas Häufiges. Ja, es ist so weit verbreitet, daß nach meiner Überzeugung schon sehr bald die Frage nicht mehr lauten wird, ob es ein solches Phänomen tatsächlich gibt, sondern vielmehr: «Was können wir damit anfangen?» In *Leben nach dem Tod* kam es mir unter anderem darauf an, das Phänomen als solches erst einmal bekannt zu machen und die Behauptung aufzustellen, jeder andere, der sich für diesen Komplex interessiere, sei genausogut in der Lage, Beispiele dafür zu entdecken. Heute sieht es so aus, als wären viele andere daran interessiert, Erfahrungen der Todesnähe zu ergründen.

Und so will ich denn am Anfang dieses neuen Bandes das theoretisch vollständige Erfahrungsmodell noch einmal vorführen, das ich seinerzeit in *Leben nach dem Tod* aufgestellt habe. Es enthält sämtliche Elemente, die in typischen Todesnähe-Erfahrungen regelmäßig vorkommen.

Ein Mensch liegt im Sterben. Während seine körperliche Bedrängnis sich ihrem Höhepunkt nähert, hört er, wie der Arzt ihn für tot erklärt. Mit einemmal nimmt er ein unangenehmes Geräusch wahr, ein durchdringendes Läuten oder Brummen, und zugleich hat er das Gefühl, daß er sich sehr rasch durch einen langen, dunklen Tunnel bewegt. Danach befindet er sich plötzlich außerhalb seines Körpers, jedoch in derselben Umgebung wie zuvor. Als ob er ein Beobachter wäre, blickt er nun aus einiger Entfernung auf seinen eigenen Körper. In seinen Gefühlen zutiefst aufgewühlt, wohnt er von diesem seltsamen Beobachtungsposten aus den Wiederbelebungsversuchen bei.

Nach einiger Zeit fängt er sich und beginnt, sich immer mehr an seinen merkwürdigen Zustand zu gewöhnen. Wie er entdeckt, besitzt er noch immer einen «Körper», der sich jedoch sowohl seiner Beschaffenheit als auch seinen Fähigkeiten nach wesentlich von dem physischen Körper, den er zurückgelassen hat, unterscheidet. Bald kommt es zu neuen Ereignissen. Andere Wesen nähern sich dem Sterbenden, um ihn zu begrüßen und ihm zu helfen. Er erblickt die Geistwesen bereits verstorbener Verwandter und Freunde, und ein Liebe und Wärme ausstrahlendes Wesen, wie er es noch nie gesehen hat, ein Lichtwesen, erscheint vor ihm. Dieses Wesen richtet – ohne Worte zu gebrauchen – eine Frage an ihn, die ihn dazu bewegen soll, sein Leben als Ganzes zu bewerten. Es hilft ihm dabei, indem es das Panorama der wichtigsten Stationen seines Lebens in einer blitzschnellen Rückschau an ihm vorüberziehen läßt. Einmal scheint es dem Sterbenden, als ob er sich einer Art Schranke oder Grenze näherte, die offenbar die Scheidelinie zwischen dem irdischen und dem folgenden Leben darstellt. Doch wird ihm klar, daß er zur Erde zurückkehren muß, da der Zeitpunkt seines Todes noch nicht gekommen ist. Er sträubt sich dagegen, denn seine Erfahrungen mit dem jenseitigen Leben haben ihn so sehr gefangengenommen, daß er nun nicht mehr umkehren möchte. Er ist von überwältigenden Gefühlen der Freude, der Liebe und des Friedens erfüllt. Trotz seines inneren Widerstandes – und ohne zu wissen, wie – vereinigt er sich dennoch wieder mit seinem physischen Körper und lebt weiter.

Bei seinen späteren Versuchen, anderen Menschen von seinem Erlebnis zu berichten, trifft er auf große Schwierigkeiten. Zunächst einmal vermag er keine menschlichen Worte zu finden, mit denen sich überirdische Geschehnisse dieser Art angemessen ausdrücken ließen. Da er zudem entdeckt, daß man ihm mit Spott begegnet, gibt er es ganz auf, anderen davon zu erzählen. Dennoch hinterläßt das Erlebnis tiefe Spuren in seinem Leben; es beeinflußt namentlich die Art, wie der jeweilige Mensch dem Tod gegenübersteht und dessen Beziehungen zum Leben auffaßt.

I

Neue Elemente

Beim Studium der zahlreichen Erzählungen von Todesnähe-Erlebnissen, die ich im Anschluß an die Niederschrift von *Leben nach dem Tod* gesammelt habe, bin ich auf verschiedene neue Elemente gestoßen, die ich dort noch nicht aufgeführt hatte. Jedes dieser neuen Elemente, von denen in diesem Kapitel die Rede ist, wurde mir zwar von mehr als einer Gewährsperson mitgeteilt, doch sind sie bei weitem nicht so häufig wie die ursprünglichen fünfzehn Bestandteile. Mit Ausnahme der «übernatürlichen Rettungen» kamen alle diese unüblichen Elemente ausschließlich in den Berichten solcher Personen vor, deren Begegnung mit dem Tod extrem lange gedauert hatte.

Die Vision des Wissens

Mehrere Menschen haben mir erzählt, sie hätten während ihrer Begegnung mit dem «Tod» einen flüchtigen Blick erhascht auf einen ganzen in sich geschlossenen Seinsbereich, wo alles Wissen – das gewesene, das gegenwärtige und das zukünftige – zu koexistieren schien in einem gleichsam zeitlosen Zustand. Hin und wieder ist das als Augenblick der Erleuchtung beschrieben worden, in dem der Betreffende über die Ganzheit des Wissens zu gebieten schien. Bei dem Versuch, über diesen Komplex in ihrem Sterbeerlebnis zu sprechen, haben alle zum Ausdruck gebracht, was sie da erlebt hätten, sei in seiner eigentlichen Bedeutung nicht darstellbar. Desgleichen stimmen alle darin überein, daß dieses Gefühl von umfassendem Wissen nach ihrer Rückkehr nicht fortdauerte; daß sie keine Allwissenheit in irgendeiner Form mitgebracht haben. Sie sagen alle, diese Vision habe sie nicht *ent*mutigt, in diesem Leben etwas lernen zu wollen, sondern habe sie vielmehr dazu *er*mutigt.

Diese Erfahrung ist in verschiedenen Berichten darüber mit einer blitzartigen All-Erkenntnis verglichen worden, mit einer besonderen Bildungseinrichtung, einer «Schule» etwa oder einer «Bibliothek». Doch betont jeder mit Nachdruck, daß die Worte, mit denen er diese Erfahrungen beschreibe, bestenfalls einen schwachen Abglanz der Wirklichkeit vermitteln, die sie wiederzugeben versuchten. Ich habe das Gefühl, daß möglicherweise all den unterschiedlichen Berichten ein und derselbe Bewußtseinszustand zugrunde liegt.

Im Verlauf eines längeren Interviews hat eine «gestorben gewesene» Frau folgendes berichtet.

Frage: «Sie haben vorhin gesagt, Sie hätten eine ‹Vision des Wissens› gehabt, wenn ich das so nennen darf. Könnten sie mir darüber noch mehr erzählen?»

Antwort: «Nach meiner Erinnerung hat diese Sache stattgefunden, als ich den Lebensrückblick schon hinter mir hatte. Es war, als ob mit einem Schlag alles Wissen – über alles, was seit dem Urbeginn jemals geschehen ist und was immer und ewig weitergehen würde – es war, als ob ich für eine Sekunde sämtliche Geheimnisse aller Zeiten verstanden hätte, alle Rätsel des Universums, die Sterne, den Mond – einfach alles. Als ich mich aber zur Rückkehr entschlossen hatte, da ging mir dieses Wissen wieder verloren, und jede Erinnerung daran war weg. Während ich den Entschluß faßte zurückzukehren, wurde mir, scheint es, zu verstehen gegeben, daß ich das Wissen nicht behalten würde. Aber ich fühlte mich immer und immerfort von meinen Kindern zurückgerufen . . .

Dieses allmächtige Wissen tat sich vor mir auf. Mir war, als würde mir kundgetan, daß ich für längere Zeit krank bleiben und noch mehrmals meinem Ende nahe sein würde. Und tatsächlich stand es mehrere Male sehr ernst um mich danach. Es hieß, das diene zum Teil auch dazu, dieses allumfassende Wissen, das ich in mich aufgenommen hatte, wieder auszulöschen . . . daß ich eingeweiht worden sei in die großen Geheimnisse und nun meine Zeit brauche, um dieses Wissen wieder zu vergessen. Aber so viel ist mir in Erinnerung geblieben: daß ich einmal alles gewußt habe, daß es wirklich so gewesen ist, daß es aber eine Gabe war, die ich nicht behalten konnte, wenn ich zurückkehrte. Und trotzdem entschloß ich mich, zu meinen Kindern zurückzukehren . . . Die Erinnerung an alle diese Dinge, die damals geschehen sind, ist ganz deutlich geblieben, mit der einen Ausnahme jenes flüchtigen Augenblicks von Wissen. Und dieses Gefühl von Alles-Wissen ist entschwunden, als ich in meinen Körper zurückkehrte.

Wie verrückt sich das anhört! Doch, das tut es, wenn man es in Worte fassen will . . . wenigstens kommt es mir so vor, weil ich es noch nie über mich gebracht habe, mit jemand anders in aller Ruhe darüber zu reden.

Ich weiß nicht, wie ich es erklären soll, aber ich war im Wissen . . . Wie die Bibel sagt: ‹Euch ist's gegeben, das Geheimnis des Reiches Gottes zu wissen.› Für eine Weile gab es keine Frage mehr, die keine Antwort hatte. Wie lange ich dieses Wissen besaß, kann ich nicht sagen. In irdischen Minuten oder Stunden läßt sich das sowieso nicht ausdrücken.»

Frage: «Was meinen Sie, in welcher Form wurde Ihnen dieses Wissen dargeboten? In Worten oder in Bildern?»

Antwort: «In allen Verständigungsformen: visuell, akustisch und gedanklich. Es war alles und jedes. Es war so, als ob es nichts mehr gab, was nicht gewußt wurde. Alles Wissen war vorhanden, nicht etwa nur die Kenntnis von einem Fachgebiet, sondern schlechthin das Ganze.»

Frage: «Eine Frage beschäftigt mich in diesem Zusammenhang. Ich habe einen großen Teil meines Lebens darauf verwendet, mir Wissen anzueignen, wissenschaftlich zu arbeiten. Wenn es nun aber so kommt, wie Sie sagen, ist dann ein solches Bemühen nicht ziemlich sinnlos?»

Antwort: «O nein! Man strebt weiter nach mehr Wissen, auch wenn man von drüben zurückgekehrt ist in dieses Leben. Ich bin nach wie vor auf Wissen aus . . . Es ist ja keineswegs unsinnig, wenn man hier nach Antworten und Lösungen sucht. Ich spürte irgendwie, daß das zu unseren Aufgaben im Leben dazugehört . . . aber daß es nicht nur für einen Menschen gelten sollte, sondern von Nutzen sein sollte für die ganze Menschheit. Wir streben immer danach, anderen zu helfen mit unserem Wissen.»

In dieser Erzählung gibt es eine Sache, auf die ich besonders hinweisen möchte. Diese Frau war ganz schlicht überzeugt davon, daß ihre sich lang hinziehende Gesundung zum Teil den Sinn hatte, sie fast alles vergessen zu machen, was ihr zuvor an Wissen zuteil geworden war. Das würde bedeuten: hier war ein besonderer Mechanismus am Werk, der darauf abzielte, das in jener Existenzform erlangte Wissen wieder auszulöschen, damit es nicht mit herübergenommen werden konnte in den physischen Seinszustand.

Für mich ist es sehr eindrucksvoll, wie genau diese Vorstellung übereinstimmt mit einer anderen, die – wenn auch in Form eines Gleichnisses dichterisch ausgeschmückt – von Platon in seiner Wiedergabe der Geschichte von Er überliefert wird (*Politeia* 621a–b). Dieser Er war ein Soldat, der wieder zum Leben erwachte, als er schon auf dem Scheiterhaufen lag, weil man ihn zu den Gefallenen der Schlacht getan hatte. Jener Er soll viele Dinge im Jenseits gesehen haben, doch hieß man ihn umkehren zurück in das leibliche Leben, um den Lebenden zu berichten, was es mit dem Tode auf sich hat. Kurz bevor er zurückkam, sah er, wie Seelen darauf vorbereitet wurden, in das irdische Leben hineingeboren zu werden:

«Sie seien dann insgesamt durch furchtbare Hitze und Qualen auf das Feld der Vergessenheit gekommen, denn es sei entblößt von Bäumen und allem, was die Erde trägt. Dort hätten sie sich, da der Abend schon herangekommen, an dem Flusse Sorglos gelagert, dessen Wasser kein Gefäß halten könne. Ein gewisses Maß nun von diesem Wasser sei jedem notwendig zu trinken; die aber durch Vernunft nicht bewahrt würden, tränken über das Maß, und wie einer getrunken habe, vergesse er alles. Nachdem sie sich nun zur Ruhe gelegt und es Mitternacht geworden, habe sich Ungewitter und Erdbeben erhoben, und plötzlich seien sie dann hüpfend wie Sterne der eine hierhin, der andere dorthin getrieben worden, um eben ins Leben zu treten. Er selbst habe vom Wasser zwar nicht trinken dürfen, wie aber und auf welche Weise er wieder zu seinem Leibe gekommen, wisse er doch nicht, sondern nur, daß er plötzlich, des Morgens aufschauend, sich schon auf dem Scheiterhaufen liegend gefunden.»

In beiden Fällen – in dem Bericht der von mir interviewten Frau und in Platons Mythos von Er – geht es um das gleiche Grundmotiv: vor dem Wiedereintritt in das Leben muß das Wissen, das man in der Ewigkeit besitzt, auf eine besondere Weise wieder «vergessen» werden.

Bei einem anderen Interview hat mir ein junger Mann folgendes erzählt: «Ich bin dann in einer Schule gewesen ... ganz wirklich. Das war keine Einbildung. Wenn ich mir nicht absolut sicher wäre, dann würde ich sagen: ‹Möglicherweise war ich an so einem Ort.› Aber das *war* wirklich so. Es war wie eine Schule, niemand war da, und doch gab es dort viele Menschen. Wenn man sich umschaute, dann *sah* man nämlich gar nichts ... aber wenn man Obacht gab, dann konnte man die Gegenwart anderer Wesen ringsum sehr wohl fühlen und spüren ... Es war, als würden Denkinhalte mir zufliegen und kämen immerfort auf mich zu ...»

FRAGE: «Das ist ein interessanter Punkt. Ein anderer Mann hat mir erzählt, er sei zu etwas gelangt, was er ‹Bibliotheken› nannte und ‹Hochschulen›. Kommt das dem nahe, was Sie mir zu schildern versuchen?»

ANTWORT: «Haargenau! Wissen Sie, wenn ich höre, was er Ihnen darüber gesagt hat, dann kann ich mir ganz genau vorstellen, was er gemeint hat, dann weiß ich, daß er dasselbe erlebt hat wie ich. Allerdings ... ich würde wahrscheinlich andere Wörter benutzen, weil man es eigentlich gar nicht in Worte fassen kann ... ich kann es nicht beschreiben. Man kann es mit nichts hier bei uns vergleichen. Die Begriffe, die ich beim Beschreiben verwende, sind weit entfernt von dem, was ich eigentlich sagen will, aber ich habe keine bessere Möglichkeit ... Denn es handelt sich um einen Ort, wo der *Ort* Wissen ist ... Wissen und Information stehen sofort zur Verfügung – alles Wissen ... Man saugt das Wissen gleichsam auf ... Im Handumdrehen weiß man schon die Antwort auf alle Fragen ... Es ist so, als ob man sich geistig auf eine Stelle in der Schule wie auf einen Brennpunkt konzentriert und flutsch! kommt schon von der betreffenden Stelle das Wissen zu einem hingesaust, ganz automatisch. Das geht fast so, als hätte man Schnell-Lesen hoch zehn gelernt.

Ich verstehe wortwörtlich, was dieser Mann gemeint hat, aber ich kleide denselben Bewußtseinsinhalt nun eben mal in meine eigenen Worte, die anders sind ...

Ich bin weiterhin auf der Suche nach Wissen. ‹Suchet, so werdet ihr finden.› Das Wissen kann man aus eigener Kraft erlangen. Aber um Weisheit muß ich beten, vor allem um Weisheit ...»

Eine Frau in mittleren Jahren beschrieb die Sache so: «Da gab es einen Moment in dieser Angelegenheit – also, es läßt sich einfach nicht beschreiben – aber da war mir, als wüßte ich einfach alles ... Einen Moment lang schien es dort, als sei Verständigung überflüssig geworden. Ich dachte: was ich auch wissen wollte, ich würde es wissen.»

Lichtstädte

In meinem ersten Buch *Leben nach dem Tod* habe ich geschrieben, mir seien keine Fälle begegnet, in denen ein «Himmelreich» beschrieben worden sei – jedenfalls nicht so, wie sonst immer ein solcher Ort ausgemalt wird. Inzwischen habe ich aber mit zahlreichen Einzelpersonen gesprochen, die mit einer ganz erstaunlichen inneren Übereinstimmung davon sprachen, daß sie andere Seinsdimensionen flüchtig zu sehen bekommen hätten, die man durchaus «himmlisch» nennen könne. Mir fällt auf, daß in mehreren dieser Berichte ein und derselbe Begriff verwendet wird: «eine Lichtstadt». Hierin und in verschiedenen anderen Aspekten erinnert die Bildersprache, in welcher diese Szenerie geschildert wird, an bestimmte Bibelstellen.

Ein Mann mittleren Alters, der einen Herzstillstand überlebt hatte, berichtet: «Bei mir kam es zu Herzversagen, klinisch war ich tot . . . Ich erinnere mich an alles mit lebhafter Frische . . . Plötzlich fühlte ich, wie meine Glieder erstarrten. Aus der Ferne klangen Töne zu mir herüber . . . Die ganze Zeit über war ich bei vollem Bewußtsein und bekam alles mit, was um mich herum geschah. Ich hörte, wie der Herzmonitor aussetzte. Ich sah, wie die Schwester ins Zimmer kam und ans Telefon ging, wie die Ärzte, Schwestern und Pfleger hereinkamen.

Als die Umgebung zu verblassen begann, hörte ich ein Geräusch, das ich nicht beschreiben kann. Es klang ungefähr so wie ein sehr schneller Trommelwirbel, ein rauschendes Tosen, wie ein Gebirgsbach in einer engen Schlucht. Und ich erhob mich und blickte aus einiger Höhe hinab auf meinen eigenen Körper. Da lag also ich selbst, und Leute arbeiteten an mir herum. Ich hatte keine Angst. Keine Schmerzen. Nur Frieden und Ruhe. Das dauerte wahrscheinlich nur eine Sekunde oder zwei, und schon fühlte ich mich herumgedreht und emporgehoben. Zuerst war alles dunkel, man könnte sagen: es war ein lichtloser Gang oder ein Tunnel. Und dann kam so ein helles Licht. Es wurde heller und heller. Und ich schien durch dieses Leuchten *hindurchzuschweben*.

Urplötzlich befand ich mich in einer ganz anderen Umgebung. Es herrschte ein golden funkelndes Leuchten überall. Wunderschön war das. Nirgendwo konnte ich die Lichtquelle entdecken. Die Helligkeit erfüllte einfach alles und kam von überall her. Und Musik war zu hören. Ich sah mich in eine liebliche Landschaft versetzt mit Bächen und Wiesen, Bäumen und Bergen. Aber wenn ich mich umschaute – sozusagen, nicht wahr? –, dann waren das gar keine Bäume oder andere Naturdinge, wie wir sie bei uns hier kennen. Das Seltsamste an der ganzen Sache war für mich, daß es dort Menschen gab. Nicht in irgendeiner Gestalt oder Körperlichkeit, wie wir es gewohnt sind, sondern sie waren eben einfach da, sie existierten.

Es herrschte dort eine Stimmung wunschlosen Friedens und grenzenloser Liebe. Und es war, als ob ich ein Teil davon geworden wäre. Dieses Erlebnis kann die ganze Nacht gedauert haben oder auch nur eine Sekunde ... ich weiß es nicht.»

Die folgende Schilderung stammt von einer Frau: «Da war zunächst so etwas wie eine Schwingung. Das Schwingen umgab mich, kam auf meinen Körper zu von allen Seiten. Mein Körper wurde gleichsam in Schwingungen versetzt, aber woher diese Schwingungen kamen, das weiß ich nicht. Als nun das Vibrieren anhielt, wurde ich auseinandergetrennt. Danach konnte ich meinen eigenen Körper sehen ... Ich verweilte eine Zeitlang und schaute zu, wie der Arzt und die Schwestern sich an meinem Körper zu schaffen machten, und ich wartete gespannt, was nun wohl kommen würde ... Ich befand mich am Kopfende meines Bettes, während ich ihnen zusah und meinen Körper betrachtete. Da streckte zu einem bestimmten Zeitpunkt eine der Schwestern die Hand nach der Sauerstoffmaske an der Wand über meinem Kopfende aus, und sie hat dabei durch meinen Hals *hindurchgegriffen!*

Nachdem ich in die Höhe geschwebt war, ging es mit mir durch so einen dunklen Tunnel ... Ich verschwand in dem schwarzen Tunnel und kam dann in eine strahlende Helligkeit ... Nicht lange danach umgaben mich meine Großeltern und mein Vater und mein Bruder, die schon früher gestorben waren ... Ringsherum leuchtete ein wunderschönes, strahlendes Licht. Und auch die Umgebung war schön. Farben gab es da, leuchtend hell, nicht wie hier auf der Erde, sondern eben ganz unbeschreiblich intensiv. Es gab dort Menschen, glückliche Menschen ... Menschen waren in der Nähe, einige bildeten kleine Gruppen. Einige waren mit Studieren beschäftigt ...

In der Ferne ... da konnte ich eine Stadt liegen sehen. Bauwerke standen da – einzelne Gebäude. Sie schimmerten hell herüber. In ihrem Inneren weilten glückliche Menschen. Wasser blinkte auf, Springbrunnen sprühten ... eine Lichtstadt, so kann man es vielleicht noch am besten bezeichnen ... Es war wundervoll. Herrliche Musik ertönte. Alles erstrahlte in wunderbarem Glanz ... Aber wenn ich nach dort hinübergegangen wäre, ich wäre wohl nie wieder umgekehrt ... Es hieß, wenn ich erst einmal dort hingegangen sei, dann könne ich nicht mehr zurück ... die Entscheidung liege bei mir.»

Ein älterer Mann erzählte: «Ich saß auf einem Stuhl. Als ich mich erheben wollte, wurde ich von einem Schlag gegen die Brust getroffen ... Ich stützte mich an der Wand ab. Kaum hatte ich mich wieder hingesetzt, da traf es mich erneut, als ob ein Schmiedehammer gegen meinen Brustkasten geschmettert worden wäre ... Ich kam ins Krankenhaus ... man sagte, ich hätte einen Herzinfarkt. Der Arzt war sofort da.»

Frage: «Und was ist Ihnen von Ihrem Herzinfarkt im Gedächtnis geblieben?»

Antwort: «Ja, da war eine Örtlichkeit ... Es ist sehr, sehr schön dort, aber man kann es nicht beschreiben. Und doch existiert es wirklich. Man kann es sich einfach nicht richtig vorstellen. Wenn man hinübergeht auf die andere Seite, kommt zunächst ein Fluß. Genau wie es in der Bibel steht: ‹ein lauterer Strom des lebendigen Wassers, klar wie ein Kristall ...› Die Wasserfläche war glatt wie Glas ... O ja, man überquert einen Strom. Ich habe das getan ...»

Frage: «Wie haben Sie dieses Überqueren des Flusses erlebt?»

Antwort: «Ich bin gelaufen. Ich bin einfach hinübergegangen. Aber das war eine sehr schöne Sache. Wunderschön! Es läßt sich einfach nicht beschreiben. Auch hier auf Erden gibt es viel Schönes, ohne Zweifel, all die Blumen und anderen Dinge. Aber vergleichen läßt es sich nicht. Da drüben ist es so still und so friedlich. Man hat das Gefühl von Sich-Ausruhen. Nichts war dort dunkel.»

Ein Reich der verwirrten Geister

Einige Personen haben mir berichtet, sie hätten irgendwann zwischendurch andere Wesen erblickt, die in einem offenbar höchst unglücklichen Seinszustand «gefangen» zu sein schienen. Die Beschreibungen der Gewährspersonen, die solchen verstrickten Gestalten begegnet waren, stimmen in mehreren Punkten überein. Erstens stellen sie heraus, daß diese Wesen absolut unfähig schienen, ihre Bindungen an die Körperwelt aufzugeben. Ein Mann hat das so ausgedrückt: die Geister, die er gesehen hatte, «konnten anscheinend nicht auf die andere Seite hinüberwechseln, weil ihr Gott noch immer herüben verweilt». Mit anderen Worten: sie schienen verwachsen zu sein mit bestimmten Dingen, Menschen oder Gewohnheiten. Zweitens findet sich bei allen der Hinweis, diese Wesen hätten «abgestumpft» gewirkt, ihr Bewußtsein sei im Vergleich zu anderen irgendwie eingeengt erschienen. Drittens heißt es, diese «abgestumpften Geister» schienen sich dort nur so lange aufzuhalten, bis sie ihre jeweilige Problematik, ihre besondere Schwierigkeit, die sie in einem solchen Zustand der Verwirrung festhielt, überwunden hätten.

Diese von allen gleichermaßen berichteten Merkmale treten in dem folgenden Ausschnitt aus einem Interview zutage, das ich mit einer Frau geführt habe, die über fünfzehn Minuten lang für «tot» gehalten worden war.

FRAGE: «Sie haben eben diese Leute erwähnt, die Sie gesehen haben – diese Geister in ihrer großen Verwirrung, wie es Ihnen vorkam. Könnten Sie mir über die noch mehr sagen?»

ANTWORT: «Diese verwirrten Leute? Ich weiß nicht genau, wo ich sie gesehen habe . . . Aber als ich vorüberzog, war da so eine trübe Zone – ganz im Gegensatz zu all der strahlenden Helligkeit vorher. Dem Aussehen nach waren diese Gestalten viel menschenähnlicher als alle übrigen, bei denen man in diesen Kategorien gar nicht mehr denken kann. Und trotzdem hatten sie natürlich nicht ganz das Aussehen, wie wir Menschen es haben.

Was man für ihren Kopf halten konnte, das hielten sie tief gesenkt. Ihre Gesichtszüge waren voller Trauer und Verzweiflung. Sie schienen sich schleppend zu bewegen, als wären sie ein Sträflingstrupp in schweren Ketten. Ich weiß nicht, warum ich mich so ausgedrückt habe, denn an so etwas wie Füße kann ich mich bei ihnen nicht erinnern. Ich weiß nicht, was das für welche waren, auf mich wirkten sie ausgemergelt, stumpf, grau. Und es sah so aus, als würden sie immer und ewig herumtrotten und wüßten nicht, wohin sie gehen, wem sie folgen oder wonach sie Ausschau halten sollten.

Als ich nahe an sie herankam, nahm keiner den Kopf hoch, um zu sehen, was passierte. Nicht einmal das! Sie schienen in dem Gedanken gefangen: ‹Es ist ja doch alles vorbei. Was soll ich bloß machen? Welchen Sinn hat das alles?› In ihrem Verhalten lag nur diese absolute, niederdrückende Hoffnungslosigkeit ohne die leiseste Ahnung, was sie tun oder wohin sie gehen sollten, wer sie waren und was sie hier sollten. Nichts, gar nichts.

Sie schienen ständig in Bewegung zu sein und nicht nur herumzusitzen. Aber sie kannten keine bestimmte Richtung. Erst liefen sie geradeaus, dann schwenkten sie nach links, machten ein paar Schritte und kehrten dann wieder nach rechts um. Sonst taten sie absolut gar nichts. Sie suchten nach etwas, wonach, das weiß ich nicht.»

FRAGE: «War es so, als ob sie ein Bewußtsein von der Körperwelt gehabt hatten?»

ANTWORT: «Sie schienen von gar nichts ein Bewußtsein zu haben, weder von der Körperwelt noch von der Geisterwelt. Sie schienen irgendwo dazwischen festzusitzen, weder im Geistigen noch im Körperlichen. Es muß auf einer Zwischenstufe gewesen sein, nicht mehr ganz hier und noch nicht ganz dort – jedenfalls hatte ich diesen Eindruck. Es kann sein, daß sie noch Berührungspunkte haben mit der Körperwelt. Sie werden von irgend etwas niedergezogen, denn allesamt schienen vornübergeneigt und abwärts zu schauen, hinunter auf die Körperwelt vielleicht ... Vielleicht erblickten sie auch etwas, was sie nicht getan hatten oder was sie hätten tun sollen. Sie konnten sich nicht für etwas entscheiden, was sie nun tun wollten, das sah man an ihren tieftraurigen Gesichtern, aus denen jeder Lebensfunke entwichen war.»

FRAGE: «Demnach schienen sie verstört und verwirrt zu sein?»

ANTWORT: «Hochgradig verwirrt. Ohne einen Schimmer davon, wer oder was sie nun eigentlich waren. Vermutlich hatten sie alles Wissen darüber, wer oder was sie waren, verloren – ihre Identität war weg.»

FRAGE: «Würden Sie sagen, diese Wesen befanden sich in der Mitte zwischen der Körperwelt und der anderen, in der Sie gewesen sind?»

ANTWORT: «Soweit ich mich erinnern kann, gehört das, was ich gesehen habe, in die Zeitspanne nach meinem spirituellen Verlassen des Krankenhausgebäudes. Wie gesagt, ich fühlte, wie ich nach oben schwebte, und dann kam es dazwischen, das heißt: es kam, *bevor* ich schließlich in diesen

Tunnel – wie ich das genannt habe – hineingezogen wurde, also noch *vor* meinem Eintritt in die Geisterwelt, wo alles so durch und durch mit strahlendem Sonnenschein erfüllt ist – nein, nicht Sonnenschein, sondern diese strahlende Helligkeit, in die alles getaucht war, die noch heller war als das Licht der Sonne, aber einem nicht weh tun konnte wie Sonnenstrahlen, die einen blenden. Diese Helligkeit war kein bißchen grell. An diesem eigenartigen Ort herrschte dagegen ein denkbar trübes, trostloses Grau. Ich habe einen Freund, wissen Sie, der ist farbenblind. Von dem habe ich gehört, daß die Welt für ihn nur aus verschieden hellen und dunklen Grautönen besteht. Für mich dagegen ist alles voller Farben – aber das war etwas Ähnliches wie ein Schwarzweißfilm. Alles war grau in grau – verstaubt und verblichen.

Sie haben mich nicht wahrgenommen. Sie ließen nicht einmal erkennen, ob sie von meiner Anwesenheit überhaupt Notiz genommen hatten. Das war schon sehr traurig.

Sie schienen um eine Entscheidung zu ringen. Sie blickten zurück. Sie wußten nicht, ob sie sich weiter vorwagen oder zurückkehren sollten in den Körper, der sie einst beherbergt hatte. Es sah aus, als schwebten sie. Unverwandt schauten sie nach unten, niemals nach oben. Sie hatten nicht das Verlangen weiterzukommen und zu sehen, was sie erwartete. Sie erinnerten mich auch an Spukgestalten, von denen ich Beschreibungen gelesen habe. Sie gehörten vorwiegend zu dem durchsichtigen Typ von Gespenstern. Es gab dort, wie es schien, ein ungeheures Gewimmel und Getümmel von diesen Wesen.»

Einige Gewährsleute, die dieses Phänomen erlebt hatten, machten die Beobachtung, daß einzelne jener Wesen anscheinend ständig den vergeblichen Versuch unternahmen, mit

Menschen in Kontakt zu kommen, die noch auf der Erde lebten. Ein Mann berichtet, er habe viele Fälle dieser Art beobachtet, während er für eine längere Zeitspanne «tot» war. So erzählte er beispielsweise, er habe irgendeinen ganz gewöhnlichen Mann auf der Straße laufen sehen, und ohne daß es dem bewußt gewesen wäre, sei einer von diesen bekümmerten Geistern über seinem Kopf einhergeschwebt. Er sagte, es sei ihm so vorgekommen, als wäre dieser Geist zu Lebzeiten die Mutter des Passanten gewesen, die noch immer nicht von ihrer irdischen Rolle habe lassen können und nun ihrem Sohn zu sagen versuchte, was er tun solle. Der folgende Auszug aus einem Interview mit einer Frau bringt dafür ein weiteres Beispiel:

FRAGE: «Haben Sie gesehen, wie einige von ihnen versucht haben, mit anderen körperlichen Leuten zu sprechen?»

ANTWORT: «O ja, man sah, wie sie sich um Kontakte bemühten, aber keiner hat gemerkt, daß sie da waren. Die Leute nahmen einfach keine Notiz von ihnen . . . Sie wollten sich immer verständlich machen, aber es ging nicht, sie kamen nicht durch. Die Menschen schienen keine Ahnung zu haben von ihrer Existenz.»

FRAGE: «Können Sie noch sagen, was da im einzelnen mitgeteilt werden sollte?»

ANTWORT: «In dem einen Fall schien es eine Frau zu sein, die sich furchtbare Mühe gab, zu einer Frau und einigen Kindern in einem Haus durchzudringen. Ich überlegte, ob sie vielleicht die Mutter der Kinder war; möglicherweise war sie die Tochter der älteren Dame in dem Haus, zu der sie unbedingt Kontakt aufnehmen wollte. Darin lag für mich die Bedeutung dieser Szene: sie versucht und versucht, bei den

Kindern Gehör zu finden, aber die spielen einfach weiter und merken überhaupt nichts, und die Ältere wirtschaftete in der Küche herum und schien nicht im mindesten zu ahnen, daß da noch jemand war.»

FRAGE: «Gab es etwas Besonderes, was dieser weibliche Geist den anderen mitteilen wollte?»

ANTWORT: «Also ich hatte mehr oder minder den Eindruck, daß sie zu ihnen durchdringen wollte, daß sie ihnen sagen wollte, so schien es, sie sollten alles anders machen als jetzt, sie sollten sich ändern, sie sollten ihr Leben anders gestalten. Es klingt wahrscheinlich wie ausgedacht, aber sie hat versucht, die anderen dazu zu bringen, das Richtige zu tun, die Dinge zu ändern, um nicht am Ende so dazustehen wie sie. ‹Macht es nicht so wie ich, dann wird euch so was auch nicht passieren. Tut was für andere, damit es mit euch nicht eines Tages so weit kommt wie mit mir.›

Ich möchte hier keine Moralpredigt halten, sondern sage nur: dies war nach meinem Eindruck der Gehalt dessen, was sie verständlich zu machen versuchte ... Es schien so, als ob es in diesem Haus keinerlei Liebe gab, wenn ich mich mal so ausdrücken darf ... Es schien so, als ob sie etwas wiedergutmachen wollte, was sie getan hatte ... Ich werde dieses Erlebnis nie vergessen ...»

Übernatürliche Rettungen

In etlichen der Berichte, die ich gesammelt habe, heißt es, die betreffende Gewährsperson habe das Erlebnis der Todesnähe gehabt und sei eben dadurch vor dem körperlichen Tod bewahrt worden, und zwar durch das Eingreifen irgendeines geistigen Mittlerwesens. In jedem der Fälle war der Betreffende (ob er es wußte oder nicht) in einen lebensgefährlichen Unfall verwickelt oder er sah sich plötzlich in einer Lage, aus der es für ihn kein Entrinnen mehr gab. Er hätte genausogut aufgeben und sich auf den Tod vorbereiten können. Aber genau dann ließ sich eine Stimme vernehmen oder ein Licht leuchtete auf und errettete ihn aus den Fängen des Todes. Alle, die so etwas erlebt haben, betonen, danach sei ihr Leben verwandelt gewesen, ihnen sei aufgegangen, daß ihre Rettung aus höchster Lebensgefahr einen besonderen Zweck verfolgt habe. Sie alle haben angegeben, daß ihr Glaube dadurch gestärkt worden sei.

Ein Erlebnis dieser Art wird nacherzählt in dem Buch *A Man Called Peter* von Catherine Marshall. Dort wird geschildert, wie Peter Marshall als kleiner Junge in Schottland bei Nebel auf ein Steilufer gerät und fast abgestürzt wäre, wenn er nicht hinter sich eine Stimme gehört hätte und so vor dem tödlichen Sturz bewahrt geblieben ist. Dieses Erlebnis hat ihn so stark bewegt, daß er danach den Entschluß faßte, den geistlichen Beruf zu ergreifen.

Ich bringe jetzt einen Abschnitt aus einem Interview, wo eine «Rettung» dieser Art geschildert wird. Da erzählt mir ein Mann von seinem schweren Arbeitsunfall, bei dem er in einem riesigen Behälter eingeschlossen war, der unter hohem Druck mit heißen Säuren und Dämpfen vollgepumpt wurde. Dieser Mann berichtet: «Diese Hitze war einfach unwahrscheinlich. Ich schrie: ‹Laßt mich hier raus! Ich kann nicht mehr!› Ich hatte mich so weit wie möglich in eine Ecke zurückgezogen und preßte mein Gesicht in den Winkel, aber das Zeug war so kochend heiß, daß es mich durch meine

Kleider hindurch verbrüht hat. Da wurde mir dann klar, daß ich binnen weniger Minuten zu Tode gekocht sein würde.

Aus Erschöpfung, oder was weiß ich warum, habe ich mich aufgegeben. Ich sagte mir: ‹Jetzt kommt's. Mit mir ist es aus.› Ich konnte nichts sehen, die Hitze war so stark, daß ich meine Augen nicht auftun konnte. Die ganze Zeit über habe ich die Augen fest zugekniffen. Trotzdem war mir, als ob die ganze Umgebung glühend aufleuchten würde. Und ein Wort aus der Bibel, das ich von kleinauf kannte, das mir aber nie sehr viel bedeutet hatte, nämlich: ‹Und siehe, ich bin bei euch alle Tage›, das drang an mein Ohr aus einer Richtung, die sich später als einzige Möglichkeit herausstellte, um da rauszukommen.

Es war mir unmöglich, die Augen aufzumachen, aber trotzdem konnte ich dieses Licht sehen, dem ich dann gefolgt bin. Und ich weiß ganz genau, daß meine Augen die ganze Zeit über fest zu waren. Der Arzt mußte nachher meine Augen nicht einmal behandeln. Die hatten keinen Tropfen Säure abgekriegt . . .»

Frage: «Ist Ihr Leben dadurch in irgendeiner Weise verändert worden?»

Antwort: «Als ich wieder an meinen Arbeitsplatz zurückkehrte, haben einige Kollegen darüber geredet, wie ruhig ich gewesen war nach dem Unfall. Aber so tapfer bin ich nun auch wieder nicht. Ich bin kein Superheld. Die Tatsache, daß ich von einer unsichtbaren Hand aus der Gefahr gerettet worden war, das war der Grund für meine Courage, das gab mir die Ruhe, die sie an mir festgestellt haben. Aus mir war das nicht gekommen. Die Stimme, die mir den Ausweg gewiesen hatte, die hatte mir auch den Mut zugesprochen.

Ich weiß, es war Jesus Christus, der seine Hand nach mir ausstreckte und mich da rausgeholt hat. Ich glaube, so was kann man nicht mit seinem Verstand zurechtdenken, man kann es nur *wissen*, es war Gottes Wille, daß ich am Leben geblieben bin – warum, das weiß ich auch nicht. Ich habe damals kein so gottgefälliges Leben geführt, wie ich gesollt hätte. Durch dieses Erlebnis fühle ich mich ihm viel mehr verbunden. Probleme gibt es für mich natürlich weiterhin. Aber ich weiß nun, daß ein Gott, der im kritischen Moment einspringen und einen Menschen retten kann, daß der alles vermag. Ich habe dadurch also gelernt, daß ich mich auf ihn verlassen kann.»

FRAGE: «Hörte sich die Stimme, die Sie damals vernommen haben, genauso an wie irgendeine normale menschliche Stimme?»

ANTWORT: «Nein. Sie erschien mir größer und stärker. Es gab keinen Zweifel, daß ich etwas akustisch wahrnahm. Es gab auch keinen Zweifel, aus welcher Richtung es kam. Wäre es von links oder von rechts gekommen und wäre ich nach einer dieser Seiten gegangen, ich wäre auf der Stelle tot gewesen. Daß es aber gerade aus der einen bestimmten Richtung kam und daß ich der Stimme dahin gefolgt bin, allein dieser Tatsache verdanke ich meine Rettung . . . Aus eigenen Stükken hätte ich mich doch nie im Leben in diese wahnsinnige Hitze hineingetraut. Ich wußte ja, was mir da blühte.

[Diese Stimme] war eine gebieterische Stimme – es hieß nicht: ‹Möchtest du bitte hier entlanggehen?› Das erste, was mir in den Sinn kam, war: ‹Hier bin ich, ganz unten, ganz verlassen, und werde sterben.› Und als ich diese Stimme hörte, da war jeder Zweifel wie weggewischt, ich wußte, aus eigener Kraft würde ich nie den rettenden Ausweg finden.»

FRAGE: «Wie lange hat dieser Zustand gedauert?»

ANTWORT: «Mir schien es eine Ewigkeit. Mit anderen Worten: wenn man zehn oder fünfzehn Meter durch kochendheiße Säure kriechen muß, dann weiß man, es muß so schnell gehen wie irgend möglich. Ich würde sagen, die ganze Sache hat höchstens zwei oder drei Minuten gedauert von dem Moment an, in dem ich wußte, ich bin eingeschlossen. Und doch erschien es mir wie eine Ewigkeit.»

FRAGE: «Hatten Sie den Eindruck, daß es sich um eine normale Lichtquelle im physikalischen Sinn handelte?»

ANTWORT: «Nein. Etwas Ähnliches hatte ich vorher noch nie gesehen. Es glich am ehesten dem, was man sieht, wenn man direkt in die Sonne blickt. Dort, wo ich plötzlich eingeschlossen wurde, war es aber stockdunkel. Ein Licht war da, groß und hell, und eine Stimme. Eine Gestalt oder etwas Derartiges habe ich nicht gesehen. Ich bin die ganze Strecke dem Licht gefolgt.»

FRAGE: «Hat das Licht Ihnen Augenschmerzen verursacht? War es unangenehm, da hineinzuschauen?»

ANTWORT: «Nein. Nicht im geringsten.»

FRAGE: «Hatte das Licht irgendeine bestimmte Farbe?»

ANTWORT: «Nein. Es war halt nur ein ganz helles weißes Licht. Wie die Sonne – es war, wie wenn man in die Sonne blickt.»

Ein anderer Mann hat folgendes zu berichten: «Es war im Zweiten Weltkrieg . . . ich diente bei der Infanterie in Europa. Ein Erlebnis werde ich nie vergessen . . . Ich sah, wie ein feindlicher Tiefflieger auf das Gebäude zuraste, in dem wir saßen, und das Feuer auf uns eröffnete . . . Die Einschläge der Geschosse bildeten eine gerade Linie, die direkt auf uns zulief. Ich bekam große Angst und dachte, jetzt sind wir alle geliefert.

Gesehen habe ich nichts, aber ich bekam da so ein wunderbares, tröstliches Gefühl der Nähe und Geborgenheit und hörte, wie eine freundliche sanfte Stimme sagte: ‹Reid, ich bin bei dir. Noch ist deine Zeit nicht um.› In dieser Obhut wußte ich mich ganz ruhig und sicher aufgehoben . . . Von jenem Tag an habe ich nie wieder die geringste Todesfurcht gehabt.»

Zum Schluß möchte ich noch den Bericht einer Frau zitieren, die infolge einer Infektion lebensbedrohlich erkrankt war. An diesem Fallbeispiel fällt auf, daß die Patientin Anweisung und Anleitung bei ihrer eigenen Wiederbelebung erfahren zu haben scheint.

«Die Ärzte hatten mich schon aufgegeben. Sie sagten, ich liege im Sterben . . . Es kam dann so weit, daß ich fühlte, wie sich das Leben aus meinem Körper zurückzog . . . Ich konnte noch hören, was gesprochen wurde, aber sehen konnte ich nichts mehr. Mein Wunsch war, doch noch am Leben zu bleiben, um meine Kinder großzuziehen und in ihrem Leben eine Rolle zu spielen . . .

Und da habe ich die Stimme Gottes gehört, wie sie zu mir sprach. Seine Stimme war unendlich liebevoll und sanft . . . Ich habe damals nicht gesponnen, das weiß ich, obwohl viele Leute das glauben werden . . . Ich konnte die Stimmen der anderen Anwesenden durchaus hören, etwas im Hintergrund . . . aber seine Stimme konnte ich gleichzeitig wahrnehmen, das war ungeheuer eindrucksvoll. Er sagte zu mir, wenn ich am Leben bleiben wolle, müsse ich weiteratmen ... und das tat ich dann auch, und kaum hatte ich diesen einen Atemzug getan, war das schon der erste Schritt zur Umkehr. Dann sagte er mir, ich solle noch einmal Atem holen. Da hatte ich die Kraft, ein zweites Mal durchzuatmen, und schon strömte das Leben wieder zurück in meinen Körper ...

Die Ärzte waren fassungslos. Sie hatten mich ja schon längst aufgegeben, und die Stimme, die zu mir gesprochen hatte, war für sie natürlich nicht zu hören gewesen. Sie konnten sich nicht erklären, was hier eigentlich passiert war.»

Am Ende dieses Kapitels möchte ich noch einmal betonen, daß die hier zitierten Berichte nicht sehr häufige Ausnahmen darstellen von dem, was sonst über Todesnähe-Erlebnisse berichtet wird. Immerhin sind diese Ausnahme-Elemente doch in einer nennenswerten Anzahl von Fallgeschichten aufgetaucht, und zwar – je nach dem Sinnzusammenhang des betreffenden Erlebnisses – regelmäßig in Verbindung mit den schon früher beschriebenen Elementen. So schildert zum Beispiel im ersten Interview des Abschnitts «Die Vision des Wissens» die dort zitierte Mutter, sie habe sich außerhalb ihres eigenen Körpers befunden, sie sei durch einen dunklen Tunnel hindurchgegangen, sie habe Rückschau gehalten auf ihr ganzes Leben und noch etliche andere gängige Elemente mehr. Die Fahrt durch einen dunklen Tunnel und das Erlebnis der «Ausleibigkeit» sind ebenfalls ganz wesentliche Elemente in zwei der Berichte, die in dem Abschnitt «Lichtstädte» zitiert werden. In jedem der Fallbeispiele sind mir diese neuen Motive – wie die älteren übrigens auch – von ganz normalen Leuten mitgeteilt worden, die von solchen Dingen vorher keinerlei Ahnung hatten und sich dafür auch gar nicht interessierten, die aber nachher absolut zweifelsfrei davon überzeugt waren, daß das, was sie gesehen hatten, etwas Reales gewesen ist.

2
Gericht

In einer Rezension meines ersten Buches *Leben nach dem Tod* heißt es: «Ganz sicher wird man in bestimmten kirchlichen Kreisen Anstoß nehmen an dem Teil, wo von Modellen des Weiterlebens die Rede ist. Die meisten befragten Personen haben keinerlei Aburteilung nach dem Schema von Belohnung und Bestrafung erlebt, obwohl ja doch nach der traditionellen Glaubensvorstellung die Seele des Verstorbenen von einer Gestalt wie Petrus geprüft wird, ehe sie in das Jenseits eingelassen wird» (Frederic A. Brussat in: Cultural Information Service, November 1976, Seite 16f).

Diesen Aspekt haben viele herausgestellt. Demnach ist es wohl angezeigt, die Berichte über Todesnähe-Erlebnisse daraufhin zu untersuchen, was sie vielleicht an Hinweisen auf die Idee eines Gerichts über die Toten enthalten, die man je nach seinem persönlichen Glaubensbekenntnis anerkennen mag oder auch nicht. Immer wieder haben mir die Menschen, die ich nach ihrem Todesnähe-Erlebnis befragt habe, beschrieben, wie die Ereignisse ihres Lebens in einer panoramahaften, allesumfassenden, vollfarbigen, dreidimensionalen Vision an ihnen vorübergezogen seien. Die einen sagen, sie hätten während dieser Vision nur die entscheidenden Augenblicke ihres Lebens geschaut. Andere gehen sogar noch weiter und erklären, im Verlauf dieser Gesamtschau sei jede Einzelheit, die sie jemals in ihrem Leben getan oder gedacht hatten, zu sehen gewesen. Alles Gute und alles Böse sei dabei plötzlich und gleichzeitig ins Bild gekommen. Man wird sich auch daran erinnern, daß es wiederholt geheißen hatte, dieses Lebenspanorama habe in Gegenwart eines «Lichtwesens» stattgefunden, welches von Gewährspersonen mit christlichem Hintergrund als Jesus Christus angesprochen wurde, und dieses Wesen habe ihnen sinngemäß die Frage gestellt: «Was hast du aus deinem Leben gemacht?»

Wenn man darauf dringt, so genau wie möglich zu erklären, worauf diese Frage hinauslief, dann drücken sich die meisten so ähnlich aus wie jener eine Mann, der im Gespräch mit mir die treffendste Formulierung gebrauchte: eigentlich sei ihm die Frage gestellt worden, ob er in seinem Leben so gehandelt habe *aus Liebe* zu anderen Menschen, ob also die Liebe sein Handeln *motiviert* habe. In diesem Moment, so könnte man sagen, hat so etwas wie ein Gericht stattgefunden, denn wenn diese Menschen in einem solchen Zustand gesteigerten Bewußtseins die selbstsüchtigen Taten zu sehen bekamen, die sie in ihrem Leben begangen hatten, dann wurden sie von bitterer Reue ergriffen. Und genauso überkam sie angesichts solcher Begebenheiten, bei denen sie Liebe und Güte bewiesen hatten, ein Gefühl von Friede und Freude.

Es verdient hervorgehoben zu werden, daß das Gericht in den von mir untersuchten Fällen nicht etwa von dem Lichtwesen ausging, das diesen Menschen ohnehin nur Liebe und Annahmebereitschaft entgegenbrachte, sondern im Inneren desjenigen stattfand, der gerichtet werden sollte. Eine Stelle im Matthäus-Evangelium, wo von Richten die Rede ist, hat in diesem Zusammenhang vielleicht einige Bedeutung. Dort heißt es (Matth. 7,1–2): «Richtet nicht, auf daß ihr nicht gerichtet werdet. Denn mit welcherlei Gericht ihr richtet, werdet ihr gerichtet werden; und mit welcherlei Maß ihr messet, wird euch gemessen werden.» So heißt es in der modernisierten Luther-Übersetzung.* Die bekannte Übersetzung von Jörg Zink aus unseren Tagen gibt dieselbe Matthäus-Stelle folgendermaßen wieder: «Urteilt nicht über andere Menschen, daß nicht euch das Urteil trifft. Denn wie ihr über andere zu Gericht sitzt, wird man über euch richten. Die Maßstäbe, mit denen ihr andere meßt, wird Gott an euch anlegen.»

Ich bin kein Bibelwissenschaftler, kann also gar nicht beurteilen, welche Übersetzung genauer ist. Ich finde es nur sehr interessant, daß jedenfalls das, was meine Gewährspersonen über ihre Todesnähe-Erlebnisse berichtet haben, besser in Einklang zu bringen ist mit dem Wortlaut der Luther-Übersetzung – das Gericht fand in ihrem Inneren statt. In diesem Zustand schienen sie selber gewahr zu werden, was sie richtig und was sie falsch gemacht hatten, und gingen entsprechend mit sich selbst ins Gericht.

Bei genauerem Nachdenken wurde mir klar, daß ein Thema in den Berichten über Todesnähe-Erlebnisse sehr häufig

* Anmerkung zur Übersetzung: In der amerikanischen Originalausgabe dieses Buches ist natürlich nicht von Luther und Zink als Bibelübersetzern die Rede, sondern von der klassischen *King James Version* und der *Today's Version of the New Testament*, die auch erschienen ist unter dem Titel *Good News for Modern Man.*

vorkommt, nämlich das Gefühl des Offenbarwerdens im einen oder anderen Sinn. Wir Menschen können aus einem bestimmten Blickwinkel als solche Wesen angesehen werden, die sich die meiste Zeit hinter allen möglichen Fassaden verstecken. Wir streben nach Sicherheit und Geborgenheit, indem wir Jagd machen auf Geld oder Geltung. Wir wollen uns immer selber das Gefühl geben, besser zu sein als die anderen, indem wir uns eine Menge einbilden auf unsere Herkunft, auf unsere Bildung, auf unsere Hautfarbe, unseren Reichtum, unseren Einfluß, unsere Schönheit, unsere Männlichkeit oder Weiblichkeit usw. Wir verschönern unser Aussehen durch feine Kleider. Wir verbergen unsere wesentlichsten Gedanken und bestimmte Handlungen, damit die anderen sie nicht kennen oder mitansehen.

Doch in der Stunde des Todes müssen all diese Masken fallen. Plötzlich begegnet dem Menschen alles, was er jemals gedacht oder getan hat, bildhaft versammelt in einem dreidimensionalen, farbigen Panorama. Wenn er mit anderen Wesen zusammenkommt, berichtet er nachher darüber, ihnen sei alles bewußt gewesen, was er dachte, und umgekehrt auch. Er merkt, daß in diesem Zustand Verständigung ohne Worte stattfindet, daß die Gedanken vielmehr unmittelbar auf den anderen übergehen, und das geht so weit, «daß man völlig durcheinander ist, weil man es mit Leuten zu tun hat, die ganz anders denken als man selber», wie ein Mann sich ausdrückte.

Die Schönheit des Körpers oder die Farbe der Haut kann dann kein Grund zum Stolz mehr sein. Der Mensch hat ja dann gar keine leibliche Gestalt mehr. Die Schönheit, die jetzt zutage tritt, hat mit dem Körper nicht das geringste zu tun: es handelt sich um das, was schön ist in einer Seele. Die Zugehörigkeit zu einem der beiden Geschlechter ist ebenfalls aufgehoben. Die meisten Zeugen sind davon überzeugt, daß sie in jenem Zustand keinerlei männliche oder weibliche Identität hatten. Demnach ist es nur folgerichtig, wenn in diesen letzten Augenblicken zwei Wesenszüge, die unverkennbar geistiger Natur sind, nämlich Liebe und Wissen, alles andere in den Schatten stellen.

Noch eine andere Besonderheit dieser Rückschau sollte hier vielleicht erwähnt werden. In einigen Berichten heißt es, nicht nur die Handlungen seien sichtbar geworden, sondern auch die Auswirkungen dieser Handlungen auf andere. Ein Mann hat das höchst anschaulich beschrieben: «Zuerst befand ich mich außerhalb meines Körpers, oberhalb des Gebäudes, und konnte meinen eigenen Körper da unten liegen sehen. Dann habe ich das Licht wahrgenommen – alles um mich herum war plötzlich erfüllt von hellem Licht. Danach war mir, als ob um mich her ein Schauspiel ablaufe: mein ganzes Leben rollte vor mir ab wie zur Begutachtung sozusagen. Vieles von dem, was ich da zu sehen bekam, hat mich mit tiefer, tiefer Scham erfüllt. Ich muß dabei ein ganz neues Bewußtsein besessen haben, denn das Licht zeigte mir, was alles falsch gewesen war, was ich alles falsch gemacht hatte. Und zwar durch und durch realistisch!

Diese Rückblende oder Lebenserinnerung, oder wie man das sonst nennen soll, schien in erster Linie auf eine Bilanzierung meines ganzen Lebens hinauszulaufen. Es war dann, als ob es zu einem abschließenden Urteil gekommen wäre, als urplötzlich das Licht schwächer wurde und ein Gespräch in Gang kam, ein Gedankenaustausch ohne alle Worte. Wenn ich etwas sah oder eine Sache aus meiner Vergangenheit erneut durchlebte, dann geschah das so, als ob ich es mit den Augen eines anderen wahrnähme, der – so könnte man es vielleicht ausdrücken – über alles Wissen und alle Macht verfügte und mich anleitete und mir gleichsam die Augen öffnete.

Das ist etwas, was ich noch immer ganz verwirrend finde: es zeigte sich mir nämlich nicht nur, was ich einmal getan hatte, sondern darüber hinaus auch noch, *welche Folgen meine Taten für andere Menschen hatten.* Und zwar ging das nicht so vor sich wie beim Betrachten von Filmszenen, denn ich konnte alles *fühlen.* Das Gefühl war beteiligt, und zumal da ich nun mit diesem Wissen versehen war ... Ich entdeckte, daß sogar unsere Gedanken nicht verlorengehen ... Jeder Gedanke war erhalten geblieben ... Unsere Gedanken gehen nicht verloren ...»

Einen derartigen Zustand kann man in der Tat als höchst unangenehm ansehen, und so ist es kein Wunder, daß recht viele Menschen von dort zurückkehren mit dem Gefühl, sie müßten ihr Leben verändern. Dazu die folgenden Ausschnitte aus Interviews mit zwei Männern:

«Ich habe niemandem etwas von meinem Erlebnis erzählt, aber als ich wieder zurückgekehrt war, da empfand ich so ein unwiderstehliches, brennendes, geradezu überwältigendes Verlangen, etwas für andere Menschen zu tun ... Ich schämte mich so sehr wegen all der vielen Dinge, die ich begangen oder unterlassen hatte in meinem Leben. Ich dachte, ich muß es tun, weil es keinen Aufschub duldet.»

«Als ich von dort zurückkehrte, stand für mich fest, daß ich mich ändern mußte. Ich war völlig zerknirscht. Mir mißfiel das Leben, das ich bis dahin geführt hatte, und darum wollte ich ein besseres Leben beginnen.»

Viele Menschen stellen mir immer wieder die Frage, ob einer meiner Gesprächspartner jemals von einer Hölle erzählt habe. Fest steht, daß sich in der Fülle des von mir gesammelten Materials nicht ein Zeugnis findet, in dem von einem Zustand berichtet wurde, der an die alte Höllenvorstellung erinnert. Ich muß allerdings hinzufügen, daß ich nie mit jemandem ein Interview geführt habe, der vor seiner Begegnung mit dem Tode so ein richtig übler Typ gewesen ist. Die Leute, mit denen ich gesprochen habe, waren ganz normale, anständige Menschen. Wenn sie sich irgendwelcher Verfehlungen schuldig gemacht hatten, dann waren das harmlose kleine Sachen gewesen, wie wir sie alle mal begehen. Es war also gar nicht zu erwarten, daß diese Seelen in den «feurigen Pfuhl und Schwefel» geworfen werden würden. Wiederum schließt nichts von dem, was ich erfahren habe, die mögliche Existenz einer Hölle aus.

Einige Menschen scheinen daran Anstoß zu nehmen, daß nach den Berichten über diese Todesnähe-Erlebnisse das Lichtwesen so voller Liebe und Vergebung sei und allesamt liebhabe mit all ihren Fehlern und Schwächen, die ja dort vor ihm in aller Deutlichkeit sichtbar werden. Ich kann dazu nur sagen, daß ich für mein Teil meine Kinder trotz ihrer Mängel liebhabe und daß ich sie ganz bestimmt auch weiterhin liebhaben werde, egal was sie anstellen.

Andere fühlen sich irritiert, weil sie anscheinend davon ausgehen, daß diese Erfahrungen im Widerspruch stehen zu der Glaubenslehre vom Jüngsten Gericht am Ende der Welt. Ich sehe hier keine Diskrepanz. Wenn jemand aus dem Todesbereich zurückkommen sollte und nun berichten würde, er sei durch das Jüngste Gericht hindurchgegangen, dann liegt bei einem solchen Erfahrungsbericht ganz eindeutig ein Mißverständnis vor. Da das Ende der Welt noch nicht stattgefunden hat, bedeutet jeder Bericht, in dem es heißt, das Weltende sei während ihrer Todesnähe-Erfahrung eingetreten, daß damit geradezu der Beweis vorliegt, der gegen die Echtheit des betreffenden Erlebnisberichts spricht. Ein Jüngstes Gericht kann es sehr wohl geben. Todesnähe-Erlebnisse besagen jedenfalls nichts Gegenteiliges. Vielmehr haben viele meiner Gesprächspartner ihrem Glauben Ausdruck gegeben, daß es ein solches letztes Gericht geben werde. Dazu muß man allerdings sagen, daß sie diesen Glauben nur auf die Bibel gründen und keineswegs ableiten von irgendwelcher Erfahrung oder Vorahnung, die ihnen zuteil geworden war im Verlauf ihres Sterbens oder im Zustand des «Todes».

Vorstellungen von Himmel und Hölle, von Gerichtetwerden und Jüngstem Gericht, vom Ende der Welt und der Gnade Gottes – das sind alles eschatologische Gedanken, um die in Theologenkreisen immer wieder heftig gestritten wird. Sie sind alle von so endgültiger, weltumspannender Bedeutung, daß wir Menschen darüber kaum angemessen sprechen können mit den Mitteln unserer Sprache. Daher sind sie manchmal lieber in Bildern und Gestalten zum Ausdruck gebracht worden.

Wenn man sich die Werke der christlichen Kunst anschaut, begegnet einem dort in verschiedenen Epochen das Gerichtsmotiv in solchen symbolischen Bildern wie dem Sündenregister, dem Buch des Lebens, dem Gerichtshof und der Waage (zum Abwägen der Seelen). Platon erzählt in seinem Er-Mythos von den «Zeichen», die den Seelen nach ihrer Verurteilung vorn oder hinten angehängt würden «von allem, was sie getan». Im *Tibetanischen Totenbuch* kommt diese Vorstellung als «der Spiegel des Karma» vor. Ich möchte daran erinnern, daß meine Gewährspersonen mit Todesnähe-Erfahrung samt und sonders betont haben, die Worte, die sie bei der Schilderung ihrer Erlebnisse gebrauchten, seien bloße Analogien oder Metaphern, also Gleichnisse, Vergleiche oder Bilder, mit denen sie Erfahrungen umschreiben wollten, die letztlich jenseits des sprachlich Ausdrückbaren lägen. Also ist es auch kein Wunder, wenn in unserem technischen Zeitalter die einzelnen Begriffe aus der Nomenklatur bestimmter Fachdisziplinen übernommen werden, so zum Beispiel aus der Optik der Begriff «Abbildung» oder aus der Phototechnik die Begriffe «Diapositiv» oder «Film», und daß die heutzutage in den Berichten zutage tretende Symbolik einen an die kühnsten Einfälle in der technischen Weiterentwicklung von Photographie und Fernsehen erinnert, an das dreidimensionale Hologramm oder an das Instant Replay, wie wir es von Sportübertragungen im Fernsehen her kennen, wenn z. B. sofort nach einem Torschuß dieselbe Szene wiederholt wird, oft in Zeitlupe.

Zum Schluß eine kurze Bemerkung zu der Frage, was wohl mit solchen Menschen wie den Vollstreckern der Nazigreuel geschieht. Wenn das, was meine Gewährspersonen berichtet haben, mit jedem anderen auch passiert, dann kann man sich leicht ausmalen, was mit denen während einer solchen Rückschau geschieht, besonders wenn sie, wie manche gesagt haben, nicht nur ihre rücksichtslosen Taten vorgeführt bekommen, sondern auch die Auswirkungen dieser Taten auf die anderen. Diejenigen, welche die Nazi-Scheußlichkeiten in

Gang gesetzt haben, scheinen Menschen ohne einen Funken Menschenliebe gewesen zu sein, so daß sie ohne weiteres den Tod von Millionen Unschuldiger in Kauf nehmen konnten. Die Folge waren unzählige menschliche Tragödien der Trennung von Eltern und Kindern, von Mann und Frau, von Freund und Freund. Die Folge bestand für unzählbare Opfer in einem langsamen, schleichenden Sterben oder im brutal-abrupten Totschlag. Die Folge war Erniedrigung schlimmster Art, jahrelanges Hungern, Bangen und Leiden für alle, die ihnen ausgeliefert waren. Wenn diese Männer dasselbe durchmachen müssen, was meinen Gewährspersonen widerfahren ist, dann müßten sie ja alle diese Dinge vor Augen haben und viele andere auch noch, und zwar in höchst lebensechten Bildern. Und wenn ich meine sämtlichen Vorstellungskräfte anstrenge, kann ich mir doch keine Hölle ausmalen, die noch schrecklicher und unerträglicher wäre als diese.

3
Selbstmord

Die Begriffe «Selbstmord», «Freitod», «Suizid» werden im Zusammenhang mit sehr vielen verschiedenen zumindest potentiell selbstzerstörerischen Verhaltensweisen gebraucht, die aus den verschiedensten Motiven oder Lebenslagen hervorgehen und sich auf die unterschiedlichste Weise äußern können. Jahrhundertelang hat sich die Menschheit mit dem Selbstmord und den vielen Verhaltensaspekten, die dazu gehören, auseinandergesetzt. Anfangs hat man das Problem von einer theologischen, ethischen oder philosophischen Warte aus betrachtet. Später kamen dann soziologische und psychologische Gesichtspunkte hinzu. Und trotz dieser langen Bemühung sind doch noch viele Fragen übriggeblieben.

Wenn man von der Tatsache ausgeht, daß einige Menschen, die durch Wiederbelebungsmaßnahmen aus dem Tod zurückgeholt werden konnten, von spirituellen Erfahrungen zu berichten wußten, dann stellt sich die Frage, was diese Berichte zum Thema Selbstmord beisteuern. Vor allem anderen muß man klarstellen, daß uns die Analyse von Todesnähe-Erlebnissen keinen endgültigen Aufschluß geben kann über die mancherlei Rätsel, die uns der Selbstmord aufgibt. Wir können uns nur auf zwei Fragen konzentrieren. Die erste ist: Kommen Personen, die Todesnähe-Erlebnisse gehabt haben, ohne daß sie einen Selbstmordversuch unternommen hätten, ins Leben zurück mit einer durch dieses Erlebnis besonders gefärbten Einstellung zum Selbstmord? Die zweite Frage lautet: Unterscheiden sich die Berichte über Todesnähe-Erlebnisse als Folge von Selbstmordversuchen inhaltlich von solchen, die nichts mit Selbstmord zu tun hatten?

Ziemlich häufig sagen Menschen, die von ihrer Todesnähe-Erfahrung sprechen, sie hätten nicht zurückkehren wollen aus ihrem «Todes»-Stadium. Und trotzdem lehnen sie alle den Selbstmord als Mittel zum Zweck der Rückkehr in dieses Stadium ab. Wenn sie zurückkehren, sagen sie, sie hätten im Verlauf ihres Todeserlebnisses gelernt, daß sie eine Aufgabe zu erfüllen hätten hier im Leben. Sie kommen zurück mit einer ernsthaften, hingebungsvollen Einstellung zum Leben und allem Lebendigen. Jedenfalls hat kein einziger meiner Interviewpartner eine Wiederholung seines Sterbeerlebnisses herbeigewünscht.

Zahlreiche Menschen, die eines natürlichen «Todes» oder bei einem Unfall «gestorben» waren, haben mir erzählt, ihnen sei während ihres Verweilens in diesem Zustand kundgetan worden, daß der Selbstmord eine sehr schlimme Tat sei, die eine Bestrafung zur Folge habe. So hat mir zum Beispiel ein Mann, der nach einem Unfall «gestorben» war, folgendes erzählt: «[Während ich drüben war,] hat sich mir ganz fest eingeprägt, daß zwei Dinge für mich absolut verboten sind, nämlich mich selbst zu töten und einen anderen zu töten ... Wenn ich Selbstmord begehe, dann wäre das so, als ob ich Gott sein Geschenk ins Gesicht schmeißen würde ... Jemand anders umzubringen, das wäre so, als ob man Gottes Pläne mit diesem Menschen einfach durchkreuzen würde.»

Ein anderer Mann, der für längere Zeit klinisch tot gewesen war und doch noch mit dem Leben davongekommen war, berichtete, er habe während seines Aufenthaltes «drüben» den Eindruck bekommen, für gewisse Formen des Selbstmords müsse eine «Buße» entrichtet werden, die zum Teil darin bestehe, daß der Betreffende mit ansehen müsse, welches Leid dieser Akt anderen Menschen zugefügt habe.

Als ich das Manuskript meines ersten Buches abschloß, waren mir nur sehr wenige Fälle von Todesnähe begegnet, die auf einen Selbstmordversuch zurückgingen. Ich finde es sehr verständlich, daß Menschen, die so etwas erlebt haben, sich noch mehr scheuen, darüber zu sprechen, weil sie vielleicht immer noch Schuldgefühle haben wegen ihres Suizidversuchs. In der Zwischenzeit sind mir nun allerdings einige weitere Fälle dieser Art bekannt geworden. Alle Zeugnisse aus dieser Personengruppe stimmen in einem Punkt überein: daß nämlich ihr Selbstmordversuch gar keine Lösung gebracht habe. Sie mußten erleben, daß sie nach wie vor mit genau denselben Problemen konfrontiert waren, denen sie sich durch Suizid zu entziehen versucht hatten. Gleichgültig, was das für eine Sache war, der sie hatten ausweichen wollen – dasselbe Problem bestand weiter auf der anderen Seite und war genauso ungelöst wie zuvor.

Eine Frau sprach davon, sie habe sich «eingesperrt» gefühlt in eben derselben Lebenslage, die sie in den Selbstmordversuch getrieben hatte. Es kam ihr so vor, als würde sich der Zustand, in dem sie sich vor ihrem «Tode» befunden hatte, unablässig wiederholen wie in einem Zyklus.

«Dieses Problem, wovon ich Ihnen erzählt habe – Sie wissen, was ich meine –, ja, also wenn ich heute daran zurückdenke, dann scheint es *so* wichtig nun auch nicht mehr zu sein, natürlich, weil ich die Sache ja inzwischen mit mehr Vernunft ansehe. Aber zu der Zeit damals, da war ich noch nicht soweit, mir fehlte die Reife, die man erst als Erwachsener hat, und deswegen kam mir alles ungeheuer wichtig vor . . . Also, die Sache war die, daß meine Schwierigkeit weiterexistierte, und zwar auch als ich ‹tot› war. Es hatte den Anschein, als würde sie sich ständig wiederholen, wie bei einer angeknacksten Schallplatte. Zuerst erlebte ich die Sache von Anfang bis Ende und dachte dann: ‹Ein Glück, jetzt ist es überstanden!› Aber dann ging es sofort wieder von vorne los, und ich mußte denken: ‹O nein, nicht noch einmal!›»

Alle haben gesagt, nach dem, was sie jetzt erlebt hätten, würden sie nie wieder an einen Selbstmord denken. Ihr Standpunkt war jetzt, daß sie einen Fehler gemacht hatten und nun sehr froh sein konnten, daß ihr Suizidversuch mißlungen war. So fragte ich zum Beispiel einen Mann, ob er auf Grund dessen, was er in seinem «Tod» erfahren hatte, jemals in die Lage kommen könne, sich ein zweites Mal für den Freitod zu entscheiden. «Nein», war seine Antwort. «Ich werde das nicht noch einmal tun. Beim nächstenmal werde ich eines natürlichen Todes sterben. Denn eine Sache habe ich beim letztenmal wirklich begriffen, daß nämlich unser Leben hier nur ein ganz kurzer Zeitraum ist und daß wir so viel zu tun haben, während wir hier leben. Wenn wir sterben, beginnt die Ewigkeit.»

Interessanterweise decken sich die Ansichten und Erfahrungen, wie wir sie hier skizziert haben, sehr genau mit den Auffassungen, wie sie in einem sehr alten theologischen Argument gegen den Selbstmord zum Ausdruck kommen. Die verschiedensten Theologen und Philosophen haben im Lauf der Geschichte den Selbstmord abgelehnt, indem sie von der Prämisse ausgingen, der Mensch habe sein Leben eigentlich nur leihweise bekommen, gewissermaßen als eine Gabe von Gott, und darum stehe es uns eben nicht frei, uns das Leben selber zu nehmen. In diesem Sinne spielt Platon (427–347 v. Chr.) in seinem Dialog *Phaidon* (62b,c) auf die alten Lehren an, wenn er schreibt: «Denn was darüber in den Geheimnissen gesagt wird, daß wir Menschen wie in einer Feste sind und man sich aus dieser nicht losmachen und davongehen dürfe, das erscheint mir doch als eine gewichtige Rede und gar nicht leicht zu durchschauen.» Und dann läßt er den alten Sokrates angesichts seiner Hinrichtung durch den Schierlingsbecher sagen: «Auf diese Weise nun wäre es also wohl nicht unvernünftig, daß man nicht eher sich selbst töten dürfe, als bis der Gott irgendeine Notwendigkeit dazu verfügt hat, wie die jetzt uns gewordene.»

Im Mittelalter war es Thomas von Aquino (1225–1274), der das Argument vorbrachte, da das Leben gleichsam ein Geschenk Gottes an den Menschen sei, dürfe auch nur Gott allein die Entscheidung darüber zustehen, wann es dem Menschen wieder genommen werden solle (*Summa theologica* II, II, 64, 5).

Der englische Philosoph John Locke (1632–1704) erklärte ebenfalls, wir seien Gottes Eigentum und um seinetwillen auf Erden eingesetzt worden, weshalb wir nicht aus eigenem Willen unseren Posten verlassen dürften (*The Second Treatise on Civil Government*, Section 6). Ganz ähnlich hat sich Immanuel Kant (1724–1804) zu dieser Frage geäußert: «Die

Selbstentleibung ist ein Verbrechen (Mord). Dieses kann nun zwar auch als Übertretung seiner Pflicht gegen andere Menschen (Eheleute, Eltern gegen Kinder, des Untertans gegen seine Obrigkeit oder seine Mitbürger, endlich auch gegen Gott, dessen uns anvertrauten Posten in der Welt der Mensch verläßt, ohne davon abgerufen zu sein) betrachtet werden . . . Das Subjekt der Sittlichkeit in seiner Person zu vernichten, ist ebensoviel als die Sittlichkeit selbst ihrer Existenz nach, soviel an ihm ist, aus der Welt vertilgen, welche doch Zweck an sich selbst ist; mithin über sich als bloßes Mittel zu einem ihm beliebigen Zweck zu disponieren, heißt die Menschheit in seiner Person . . . abwürdigen, der doch der Mensch . . . zur Erhaltung anvertraut war» (*Metaphysische Anfangsgründe der Tugendlehre*, § 6).

Ich habe diese Stellen nicht zitiert, um ihre Aussage zu stützen oder um ein ethisches oder moralisches Urteil über den Selbstmord abzugeben. Meine Absicht ist allein, darauf hinzuweisen, daß sehr gleichartige Gedanken über den Sinn des menschlichen Lebens und damit auch über das Problem Selbstmord sowohl in den zitierten philosophisch-theologischen Aussagen als auch in dem zum Ausdruck kommen, was Menschen mit Todesnähe-Erfahrung denken und sagen.

Ich bin mir darüber im klaren, daß die Erfahrungsberichte, aus denen ich in diesem Kapitel zitiert habe, viele Fragen aufwerfen. So wird darauf verwiesen, daß in einigen Kulturen der Selbstmord nicht, wie bei uns, moralisch verworfen wird. Ja, er kann sogar als eine sittlich verdienstvolle Handlung angesehen werden, wie dies bei den Samurai im feudalistischen Japan der Fall war. Das wirft die Frage auf: «Würde ein Mensch aus einer Gesellschaft mit solchen ethischen Anschauungen von gleichartigen Erfahrungen berichten, wenn man ihn nach einem an sich selbst vollzogenen Tötungsakt wieder ins Leben zurückholen könnte?»

Ferner hat man gesagt, eigentlich würden wir alle auf irgendeine Weise Selbstmord begehen. Damit soll ausgedrückt werden, daß wir fast alle ohne Ausnahme gegen besseres Wissen irgend etwas tun, was uns einmal schaden oder sogar umbringen wird. In unserer Gesellschaft gibt es dafür vor allem drei Beispiele: das Zigarettenrauchen, die Ernährung mit stark cholesterinhaltigen Nahrungsmitteln und das Autofahren unter Alkoholeinfluß. Die Leute behalten diese Verhaltensweisen bei, obwohl sie ganz genau wissen, daß dadurch später einmal ihr Tod herbeigeführt werden kann, sei es infolge einer der verschiedenen einschlägigen Krankheiten, sei es bei einem Verkehrsunfall. Worin liegt der Unterschied zwischen diesen Verhaltensweisen und dem «richtigen» Selbstmord, kann man fragen. An welchem Punkt auf der Skala potentiell selbstzerstörender Verhaltensweisen werden die von den zuvor zitierten Gewährspersonen erwähnten «Bußen» in Kraft treten?

Einige Menschen begehen Selbstmord aus altruistischen Gründen, um andere zu retten, beispielsweise. Was werden diejenigen, die einen solchen «Heldentod» sterben, für Erfahrungen machen? Oder was geschieht mit Individuen, die sich das Leben nehmen, während sie in den Abgründen einer seelischen Depression versinken oder von einem schrecklichen Verlust getroffen sind?

Es ist auch eine bekannte Tatsache, daß viele einen Suizid*versuch* unternehmen, obwohl sie sich gar nicht wirklich umbringen, sondern nur auf dramatische Weise den Versuch machen wollen, die Aufmerksamkeit anderer Menschen auf ihre Not oder Bedrängnis zu lenken. Umgekehrt vertreten manche Psychiater die Ansicht, daß die sogenannten «Unfäller», d. h. Personen, die besonders häufig einen Unfall erleiden, sich zwar nicht bewußt zu Tode bringen wollen, aber *unbewußt* diesem Wunsch gemäß handeln. Nach dieser Interpretation wären die scheinbaren Unfälle bei diesen Menschen als unbewußte Selbstmordversuche aufzufassen.

Niemand kennt die endgültige Lösung für diese schwierigen Probleme, und ich will schon gar nicht mit Patentrezepten aufwarten bei solchen tiefgreifenden Fragen. Ich kann nicht mehr tun als darauf hinzuweisen, daß die Todesnähe-Erlebnisse, die nach meiner Kenntnis im Zusammenhang mit Selbstmordversuchen erfolgt sind, sich in der beschriebenen Weise von den übrigen Erfahrungen unterscheiden.

Einer meiner Freunde, der auch Psychiater ist und selber eine «Jenseits»-Erfahrung während seines (scheinbaren) klinischen Todes infolge einer Infektion gemacht hat, gab einmal auf derartige Fragen eine interessante Antwort. Er sagte, nach seinem Glauben sei in Gottes Wesen viel mehr Vergebung, Verständnis und Gerechtigkeit, als wir Menschen es uns vorstellen können; Gott werde sich auch dieser Schwierigkeiten annehmen in all seiner Liebe und Weisheit. Was ein Selbstmörder von uns als seinen Mitmenschen braucht, ist keine Verurteilung, sondern Liebe und Verständnis.

4
Reaktionen von theologischer Seite

In ihrem Vorwort zu meinem ersten Buch *Leben nach dem Tod* hat Frau Dr. Elisabeth Kübler-Ross vorausgesagt, daß Forschung dieser Art mit Kritik aus kirchlichen Kreisen zu rechnen habe. Das hat sich auch bis zu einem gewissen Grade bewahrheitet. Doch haben mir ebenfalls viele Geistliche der verschiedenen Konfessionen mitgeteilt, wie begeistert sie waren von meiner Forschungsarbeit und wie sehr sie sich dafür interessierten, so daß sie mich zu Vorträgen darüber in ihre Gemeinden eingeladen haben.

Zahlreiche Seelsorger haben mir berichtet, sie hätten Gemeindemitglieder gekannt, die ihnen von ihren Todesnähe-Erlebnissen erzählt haben. Sie schienen es zu begrüßen, daß sich nunmehr jemand dazu äußerte, der beruflich nichts mit der Kirche zu tun hatte. Etliche Theologen haben mir gesagt, ihrer Meinung nach bestätigten die von mir veröffentlichten Erfahrungsberichte das, was die Bibel sagt über das Leben nach dem Tod. Die Zeitschrift *Guideposts*, die nach Inhalt und Tendenz eine durch und durch christliche Zeitschrift ist, hat Berichte wie diese schon seit Jahren abgedruckt.

Ein Methodistenpfarrer, der selber mit der Erforschung

von Todesnähe-Erfahrungen schon begonnen hatte, bevor sich unsere Wege kreuzten, hat mir von einer Begebenheit erzählt, die aus der Zeit stammte, in der wir mit einigen gemeinsamen Forschungsvorhaben angefangen hatten. Das folgende ist ein Auszug aus einem Gespräch zwischen uns beiden über die Bedeutung dessen, was wir da erarbeitet hatten.

PFARRER: «Diese Frau war sterbenskrank. Sie hatte einen Nierenschaden. Als ich am Sterbebett mit ihr über den Tod sprach, habe ich meinen Glauben an ein Leben nach dem Tod zum Ausdruck gebracht. Ich erzählte ihr, daß mich vor allem eines in diesem Glauben bestärkt habe, nämlich die Forschungsarbeit von Medizinern, die sich auf die Befragung von gestorbenen und dann reanimierten Patienten stütze. Ich habe ihr davon erzählt, und das hat sie tief bewegt. Sie kam jedesmal darauf zurück, wenn ich bei ihr zu Besuch war.

Als ich bei ihrer Beerdigung die Predigt hielt, erwähnte ich auch meine Gespräche mit ihr über dieses Thema und schilderte, wie sehr dies ihren Glauben gefestigt hatte. Das Bewegendste war, wie die Trauergemeinde auf den Kirchenbänken davon erschüttert wurde, daß ich, ein Theologe, mich eindeutig zu dem Glauben bekannte, daß die Verstorbene lebe, und daß ein mir befreundeter Arzt ebenfalls daran glaube. Diese Frau hatte ein sehr inniges Verhältnis zu ihrem Mann gehabt, und es war, als ob ein Stück von ihr selbst ins Grab sank, als ihr geliebter Mann vor ein paar Jahren starb. Und so sagte ich denn in meiner Predigt, sie sei nunmehr zu ihm hinübergegangen an einen Ort, wo Christus bei ihnen ist. Ich habe das aber nicht im übertragenen Sinne gemeint oder als dichterisches Symbol, sondern ich habe das gesagt, was ich wirklich glaube. Und das war ein Trost für die Trauernden ...

Nach dem Beerdigungsgottesdienst geschah etwas Außergewöhnliches. Jeden Sonntag kommen die Leute im Anschluß an die Predigt zum Pfarrer und sagen, wie gut sie seine Worte gefunden haben. Aber nach einer Totenfeier kommt so etwas niemals vor. Es ist einfach nicht üblich. Bei dieser Beerdigung sind aber etwa zehn Zuhörer hinterher zu mir gekommen und haben sich bei mir bedankt für das, was ich in der Predigt gesagt hatte ...

Wenn ich eine Predigt halte, dann möchte ich vor allem die Menschen zur Liebe hinführen. Und wenn ich ihnen dann sage, daß in der Stunde des Todes Christus zu uns kommt und uns fragt: ‹Wieviel hast du geliebt?›, daß die Liebe das Wichtigste für Christus ist, und zwar nicht nur in der Bibel, damals, vor zweitausend Jahren, sondern alle Zeit hier und heute, wie die Menschen, die aus dem Tode zurückkehren, immer wieder erfahren und dabei dieser ‹Durchleuchtung› im positiven Sinne begegnen – all dies stärkt den Glauben. Darin sehe ich ein wirksames Mittel, das ich schon öfter eingesetzt habe, wenn ich eine Predigt halte zur Festigung des Glaubens, um die Menschen dazu zu bringen, den Glauben und die Liebe als das Wesentliche zu erkennen.»

Dr. Moody: «Du hast früher mal gesagt, daß du dir ebensowenig wie ich vorstellen kannst, es könne jemals ein Beweis für das Leben nach dem Tod geführt werden, ein Beweis im streng wissenschaftlichen Sinne.»

Pfarrer: «Also, wenn wir das Leben nach dem Tode unter Beweis stellen könnten, dann liefe das so ziemlich auf dasselbe hinaus, als könnten wir die Existenz Gottes beweisen, und genau dadurch würden wir unseren Glauben aus den Angeln heben. Wir können ja nicht einmal die elementarsten Lebensvorgänge schlüssig beweisen. Und die am höchsten entwikkelten Lebensformen müssen wir mit dem Glauben akzeptieren. Wenn wir aber nun imstande wären, diese Schwierigkeiten zu überspringen und klipp und klar zu beweisen, daß es ein Leben über das Grab hinaus tatsächlich gibt, dann brauchten die Menschen ja nichts mehr zu glauben, um gläubige Geschöpfe zu sein! Das Leben ist ein Geheimnis. Und das Leben nach dem Tod ist auch ein Geheimnis.

Und sollten wir jemals den Geheimcode entschlüsseln können, dann könnten wir ohne den Glauben auskommen. Dann ließe sich die ganze Sache sehr schnell auf eine einfache Formel bringen. Also bleiben wir letzten Endes auf unseren Glauben angewiesen. Und die Zeugnisse derer, die aus dem Tode zurückkehren, bedeuten eine Festigung und Stärkung für den Glauben. Sie machen meinen Glauben noch sicherer, da ich ja bereits ein gläubiger Mensch bin. Wenn ich kein gläubiger Mensch wäre, dann könnte ich dadurch auch nicht überzeugt werden.»

Das war also die Ansicht eines Methodistenpfarrers; aber ich konnte nicht erwarten, daß alle Geistlichen diese Ansicht teilten. Einige Theologen haben spezifische Einwände vorgebracht. Ein typischer Einwand kam von linksorientierten Theologen, für die die Funktion der Kirche im wesentlichen auf die eine ethische Verpflichtung hinausläuft, nämlich soziale Reformen voranzutreiben und soziale Gerechtigkeit für alle herstellen zu helfen. Von dieser theologischen Voraussetzung her scheinen sie zu dem Schluß gekommen zu sein, es sei altmodisch, sich für das Leben nach dem physischen Dasein zu interessieren. Ich habe von etlichen dieser Pfarrer gehört, nach ihrer Meinung sei das Interesse für ein Leben nach dem Tod im Schwinden, oder es sei an der Zeit, daß es verschwinde.

Ein älterer Pfarrer der Episkopalkirche, der diesen Standpunkt auch einnahm, hat mich vor kurzem sogar gefragt: «Sollten Sie nicht lieber über *diese* Welt nachdenken und nicht über die nächste? Gibt es denn nicht noch genug Probleme, die *hier* gelöst werden müssen?» Er hat mir dann weiter auseinandergesetzt, daß zu allen Zeiten die Führer immer wieder den Versuch unternommen haben, das Interesse der Unterprivilegierten und der Opfer sozialer Ungerechtigkeit abzulenken von der Wahrnehmung ihrer elenden Lage auf Erden durch die Verheißung, im Himmel würden sie es besser haben, wenn sie hier nicht aus der Reihe tanzten oder alles ins Wanken brächten durch Nichteinhaltung der bestehenden Regeln. Mit anderen Worten: seine ablehnende Haltung gegenüber der Erforschung von Phänomenen im Grenzbereich zwischen Leben und Tod schien auf die Voraussetzung zurückzugehen, Lehren über ein Leben im Jenseits seien oft nichts anderes gewesen als verschleierte Formen der sozialen Unterdrückung.

Bis zu einem gewissen Grade stimme ich mit einigen der von dieser Theologengruppe vertretenen Gedanken überein. Ich finde natürlich auch, daß es in der Tat noch sehr viele soziale Ungerechtigkeiten in dieser Welt gibt, und ich für mein Teil möchte im Laufe meines Lebens zu einer Verbesserung dieser Zustände beitragen, was ich kann. Ich sehe, wie wichtig das göttliche Gebot ist «Liebe deinen Nächsten wie dich selbst», und ich sehe auch, daß uns damit aufgetragen ist, alles zu tun, was wir können, um die Bürde unseres Mitmenschen zu erleichtern, also denen zu helfen, denen es nicht so gut geht wie uns selbst.

Aber in einigen Punkten weichen meine Ansichten und Erfahrungen doch deutlich ab von denen, die diese Pfarrer haben. Wenn ich meine eigene Erfahrung zugrunde lege, dann überrascht es mich, daß offenbar einige Pfarrer den Eindruck haben können, das Interesse an der Frage, ob es ein individuelles Weiterleben nach dem physischen Tod gibt oder nicht, habe abgenommen und sei überholt. Meine Beobachtungen jedenfalls weisen in eine ganz andere Richtung. Ich weiß mit Bestimmtheit, es sind noch sehr viele Menschen an diesem Thema stark interessiert! Außerdem vermag ich auch nicht einzusehen, warum sich soziale Verantwortung und Interesse für das Leben nach dem Tod gegenseitig ausschließen sollen. Denn selbstverständlich kann man sich weiter für das Wohlergehen anderer Menschen engagieren, auch wenn man ganz klar die Tatsache anerkennt, daß es ein Leben nach dem Tod gibt, und wenn man sich für alle Entdeckungen im Zusammenhang mit dieser Möglichkeit interessiert. Es war ja auch tatsächlich so, daß viele der von mir befragten Gewährspersonen eine große Einsatzbereitschaft zum Wohle anderer erkennen ließen. Sie kehrten von ihren Sterbeerlebnissen zurück mit dem Bewußtsein, das Leben ergreifen zu sollen und sich für andere tatkräftig einsetzen zu müssen während ihrer Tage auf Erden. Ich fühle mich denselben Zielen verpflichtet. Schließlich macht uns der Glaube an ein Weiterleben nicht etwa gleichgültig gegenüber sozialen Mißständen, sondern kann uns vielmehr anspornen, an ihrer Beseitigung mitzuarbeiten.

Weiterhin kann ich die Auffassung nicht teilen, ein wesentlicher oder gar der einzige Grund für das Weiterbestehen von Glaubensaussagen über das Leben nach dem Tod liege darin, die Leute von ihrem dürftigen Dasein abzulenken. Viele Menschen haben mir doch selber erzählt, wie sehr sie sich vor dem Tod gefürchtet hatten; sie wollen durchaus nicht annehmen, daß ihr Bewußtsein ausgelöscht sein werde im Tod. Andere sehnen sich nach ihren Freunden und Angehörigen, die sie verloren haben, und hoffen darauf, daß diese geliebten Toten noch fortleben – irgendwo. Menschliche Regungen dieser Art liegen aber doch weit abseits von Dingen wie sozialer Ungerechtigkeit oder Unterdrückung der Arbeiterklasse.

Es kommt noch hinzu, daß mein Umgang mit diesen Erfahrungen geprägt war von meinen medizinischen Interessen. Mir als Arzt haben Menschen von Erfahrungen berichtet, die sehr bedeutungsvoll waren für ihr Leben und sich im Zusammenhang mit medizinischen Wiederbelebungsmaßnahmen ergeben hatten. Weil das so war, halte ich die ganze Sache auch für ein medizinisches Thema. Ich möchte so gut wie irgend möglich bestimmte Erfahrungen verstehen können, die für meine Patienten sehr wesentlich sind und mit denen sie vorwiegend in solchen Lebenslagen zu tun bekommen, da sie sich in ärztlicher Behandlung befinden.

Ich will damit keinesfalls andeuten, meine Betrachtungsweise sei etwa besser als die der erwähnten linken Pfarrer. Ich will nur sagen, daß sie *anders* ist. Es könnte ja doch sein, daß diese Theologen meinen, das Interesse an einem Leben nach dem Tod sei im Schwinden, weil sie in Form einer Projektion von ihrem eigenen beschränkten Umgang mit gleichgesinnten

Pfarrern oder mit den besonders sozial engagierten Gemeindemitgliedern auf eine Tendenz aller Gläubigen schließen. Genausogut könnte es natürlich sein, daß meine Anschauung, das Interesse an dieser Thematik nehme mehr und mehr zu, eine Projektion meiner eigenen begrenzten Erfahrung ist, weil ich vor allem mit vielen Menschen umgehe, die sich nun einmal dafür interessieren. Ich behaupte keineswegs, ich wüßte, wie die Mehrheit der Christen über diese Fragen denkt.

Eine weitere Gruppe von Theologen, die sich kritisch geäußert hat über Todesnähe-Erlebnisse, nimmt einen Standpunkt ein, der auf der konservativen Seite des theologischen Meinungsspektrums liegt. Ich meine diejenigen Pfarrer, welche behaupten, Todesnähe-Erfahrungen seien das Werk teuflischer Mächte oder böser Dämonen.

Ich bin kein studierter Theologe. An einschlägiger Literatur habe ich vor allem die Werke der großen Kirchenväter gelesen wie Augustinus, Thomas von Aquino und Calvin, die auch als bedeutende und einflußreiche Philosophen angesehen werden. Aber ich habe befreundete Pfarrer und Hochschultheologen gefragt, wie sie solche Anschuldigungen beurteilen. Der gemeinsame Nenner aller ihrer Antworten war: eine geschaute Erscheinung könne immer dann als wahr anerkannt werden, wenn ihre Auswirkungen auf das Leben des betreffenden Menschen neben anderem folgende Züge aufweisen: er muß sich danach zum Beispiel Gott näher fühlen oder das Verlangen haben, den Lehren des Glaubens zu gehorchen. Wie wir früher gesehen haben, waren die Todesnähe-Erlebnisse der von mir interviewten Menschen dazu angetan, sich genau in diesem Sinne auszuwirken. Andere Geistliche bezeichneten es als entscheidendes Merkmal solcher Erscheinungen, daß sie mit den Aussagen der Bibel übereinstimmen müssen, und meinten wie ich, dieses Kriterium sei in diesem Falle erfüllt.

Ich muß gestehen, daß es mich persönlich getroffen hat, vorgeworfen zu bekommen – und sei es auch nur indirekt –, ich hätte mich mit dem Teufel eingelassen. Mein Gottglaube ist etwas sehr Wichtiges für mich, und man weiß einfach nicht, wie man sich gegen einen derartigen Vorwurf, man treibe einen Satanskult, verteidigen soll. Etwas erleichtert fühlte ich mich dann doch, als ich mit einem Methodistenpfarrer gesprochen hatte, der zu der konservativsten und bibelgläubigsten Richtung in der Theologie gehört. Er schilderte mir, wie auch er selber von einer Sekte angeklagt worden war, er sei ein Handlanger des Teufels, nur weil diese Leute noch ein bißchen konservativer waren als er. Höchstwahrscheinlich muß ich mich mit dem Gedanken zufriedengeben, daß es im Getümmel dieser weiten Welt wohl immer solche geben wird, die einem unlautere Motive unterstellen. Ich kann nur darauf hoffen, daß da, wo ich irre, jemand anders eingreift und mich auf den richtigen Weg zurückbringt.

Es gibt noch eine dritte Gruppierung von Pfarrern, die in diesem Zusammenhang genannt werden muß. Was diese Leute zu erkennen geben, ist nicht so sehr Kritik als vielmehr eine gewisse Zaghaftigkeit. Sie scheinen sich außerstande zu fühlen, irgend etwas über derartige Erfahrungen zu sagen, weil sie meinen, dergleichen gehöre in die Medizin, es handle sich um ein Phänomen, mit dem sich gegebenenfalls der Arzt zu beschäftigen habe. Sie können zum Beispiel über solche Erfahrungsberichte hinweggehen mit der Bemerkung, das Ganze beruhe ja nur auf Halluzinationen. Dies steht im Widerspruch zu der Tatsache, daß die Menschen, die solche Erfahrungen hinter sich haben, sie in erster Linie auf ihren religiösen Glauben und auf ihre moralischen Wertvorstellungen beziehen und viel weniger auf ihren Gesundheitszustand im medizinischen Sinne.

Hier tut sich erneut ein alter Zwiespalt auf, nämlich der Streit zwischen den Fachgebieten. In allen Fächern gibt es immer einige Beteiligte, die eifersüchtig über die Grenzen ihres Territoriums wachen, damit nur ja kein Fremder sich einschleiche. Diese Aufpasser reagieren höchst gereizt, wenn ein gebildeter Laie oder ein Angehöriger einer anderen Disziplin eine Meinung zu äußern wagt über eine Sache, die sie für ihr ureigenstes Fachgebiet in Anspruch nehmen. Ebenso gibt es in jedem Bereich immer welche, die keinerlei Neigung verspüren, sich auch für Probleme zu interessieren und einzusetzen, die außerhalb ihres persönlichen Spezialgebietes liegen.

Es ist zwar sehr wichtig, immer auf der Hut zu sein vor jeder Versimpelung vielschichtiger Probleme, aber aus einer solchen exklusiven Fachgebundenheit können auch Nachteile erwachsen. Diese Grundeinstellung führt häufig zu geistiger Erstarrung. Auch kommt es viel leichter zur Aussperrung jeglicher Erkenntnis, die von einem Außenseiter zur Erklärung eines fachinternen Problems beigesteuert wurde.

Hinzu kommt, daß diese Grundeinstellung von der höchst fragwürdigen Annahme auszugehen scheint, die heutzutage übliche Aufteilung der Fachgebiete und ihrer jeweiligen Forschungsaufgaben erfasse das ganze Spektrum der Realität. Ich vermute, für ein Thema oder für ein neues Phänomen kann es nur die schlimmsten Folgen haben, genau im Grenzbereich zwischen zwei wissenschaftlichen Disziplinen angesiedelt zu sein.

Bezogen auf unser eigentliches Thema bedeutet all dies: ich habe mit Pfarrern zu tun gehabt, die sich nicht bereit zeigten, über irgend etwas zu sprechen, was im geringsten medizinisch anmutete. Ich hatte Gelegenheit genug, mit den Seelsorgern von etlichen meiner Patienten zu sprechen, und war erstaunt, wie übervorsichtig sich manche von ihnen äußerten, sobald die Rede auf medizinische Dinge im Zusammenhang mit ihren Kranken kam, zumal da sie in eindrucksvoller Weise ein hohes Maß an Verständnis dafür an den Tag legten, wie es um einen Patienten stand und wie die Prognose lauten mußte. So bin ich denn Pfarrern begegnet, die sich auf eine Diskussion von Todesnähe-Erlebnissen nicht einlassen, weil dies nach ihrer Auffassung medizinische Phänomene sind. Und umgekehrt haben etliche Mediziner zu mir gesagt, sie würden mit ihren Patienten über derartige Erfahrungen deswegen nicht sprechen, weil dies nach ihrer Meinung eine unzulässige Einmischung in die religiöse Privatsphäre des Patienten wäre. Kurzum, es scheint, als ob dieses Phänomen für einige Leute zu jenen Zwischenbereichen zählt, die zwischen zwei Welten liegen und entsprechend unliebsam erscheinen müssen.

Alles in allem war es für mich eine Genugtuung, daß die meisten Theologen, die ich schon vorher kannte oder erst im Verlaufe meiner Arbeit kennengelernt habe, sich für meine Forschungen interessierten und sie positiv bewerteten. Sie haben auch erfaßt, daß ich keine Schlußfolgerungen ziehe, daß ich nicht den Versuch mache, meine subjektiven Ansichten anderen aufzudrängen, und daß ich mir meiner Grenzen sehr wohl bewußt bin, weshalb ich die kritische Auseinandersetzung und richtungweisende Diskussion mit Andersdenkenden geradezu suche.

5

Beispiele aus der Geschichte

Wenn ich vor einigen Jahren gefragt wurde, ob mir aus der Geschichte irgendwelche Beispiele für das Phänomen der Todesnähe-Erlebnisse bekannt seien, dann mußte ich mit Nein antworten. In der Zwischenzeit habe ich dazugelernt und für mich entdeckt, daß eine Fülle von Berichten über Todesnähe-Erlebnisse aus früheren Zeiten schriftlich überliefert sind. Ich glaube, es lohnt sich, an dieser Stelle einige längere Zitate aus verschiedenen Quellenschriften ganz unterschiedlicher kultureller und zeitlicher Herkunft zu bringen. Das Folgende ist nur ein Bruchteil des von mir gesammelten Materials, und meine bisherige Sammlung dürfte nur die Spitze eines Eisberges sein.

Die Erzählung von der Steinigung des Apostels Stephanus ist als ein frühes Zeugnis für eine eventuelle Todesnähe-Erfahrung genannt worden. In der Apostelgeschichte des Neuen Testaments wird berichtet, unmittelbar vor der Steinigung durch eine aufgeputschte Menschenmenge (und anscheinend noch vor jeder Verletzung durch Steinwürfe) habe Stephanus eine Vision gehabt: «Da sie solches hörten, ging's ihnen durchs Herz, und bissen die Zähne zusammen über ihn.

Wie er aber voll heiligen Geistes war, sah er auf gen Himmel und sah die Herrlichkeit Gottes und Jesum stehen zur Rechten Gottes und sprach: Siehe, ich sehe den Himmel offen und des Menschen Sohn zur Rechten Gottes stehen. Sie schrien aber laut und hielten ihre Ohren zu und stürmten einmütig auf ihn ein, stießen ihn zur Stadt hinaus und steinigten ihn. Und die Zeugen legten ab ihre Kleider zu den Füßen eines Jünglings, der hieß Saulus» (Apg. 7, 54–57).

Beda Venerabilis, der «ehrwürdige Beda», war ein angelsächsischer Benediktinermönch, der von 673 bis 735 in englischen Klöstern gelebt und geschrieben hat. Sein Hauptwerk ist die *Kirchengeschichte der Angelsachsen* (Historia ecclesiastica gentis Anglorum). Neben zahlreichen Wundergeschichten erzählt Beda von einem Fall der «Wiederkehr von den Toten», der, abgesehen von den zeitbedingten Eigenheiten des sprachlichen Ausdrucks, in vieler Hinsicht ähnlichen Fällen aus unserer Zeit gleicht.

«Um diese Zeit», schrieb Beda 731, «geschah ein denkwürdiges und den alten ähnliches Wunder in Britannien. Es stand nämlich ein schon längere Zeit Verstorbener zum leiblichen Leben wieder auf, um die noch Lebenden vom Seelentode zu erwecken. Derselbe erzählte viel Denkwürdiges, was er geschaut. Einiges glaubte ich hier berühren zu sollen.

Der Erstandene war ein Familienvater in der Gegend Northumberlands, die Incuäningum [Cunningham] heißt. Er führte mit seinem Hause ein frommes Leben. Als er von einer Krankheit heimgesucht worden und dieselbe von Tag zu Tage zugenommen hatte, ging es mit ihm zu Ende, und er starb beim Anbruch der Nacht. Aber frühmorgens lebte er wieder auf, erhob sich plötzlich, flößte allen, die weinend um seine

Leiche versammelt gewesen waren, unermeßliche Furcht ein und verscheuchte dieselben. Seine Gattin allein, deren Liebe größer war, blieb zurück, obschon auch sie sehr zitterte und bebte. Er sprach zu ihr: Fürchte dich nicht, denn ich bin in Wahrheit vom Tode erstanden, dem ich anheimgefallen war, und es ist mir vergönnt, aufs neue bei den Menschen zu leben. Aber ich darf von nun an nicht in der Weise leben, wie ich es vorher gewohnt war, sondern muß mein Leben ganz anders einrichten. Alsbald stand er auf und begab sich zur Kapelle des Dörfleins, verharrte bis zum Tage im Gebete und verteilte dann alsbald seine ganze Habe in drei Teile. Davon gab er einen seiner Frau, den anderen seinen Kindern, den dritten, welcher für ihn übrigblieb, verteilte er sogleich unter die Armen. Bald darauf kam er, von den Sorgen dieser Welt entbunden, zu dem Kloster Mailros [Melrose], das größtenteils vom Flusse Tuidi [Tweed] umflossen ist . . .

Er erzählte in folgender Weise, was er gesehen hatte: Lichtvoll anzuschauen und leuchtenden Gewandes war der, welcher mich führte. Wir gingen stumm einher, wie mir schien, in östlicher Richtung. Als wir so gingen, gelangten wir zu einem Tale von großer Breite und Tiefe und von unermeßlicher Länge . . .

Er gab unserer Wanderung nun die Richtung nach rechts und führte mich etwa gegen Südosten hin. Alsbald war ich der Finsternis entzogen, und er führte mich zu größerer Helle. Als er mich dorthin geführt, wo es ganz hell war, sah ich vor uns eine sehr große Mauer, deren Länge und Höhe kein Ende zu haben schienen. Ich wunderte mich, warum wir denn auf die Mauer zuschritten, da ich in derselben nirgendwo eine Tür oder ein Fenster oder eine Stiege erblickte. Als wir bei der

Mauer angelangt waren, befanden wir uns sogleich, ich weiß nicht wie, oben auf derselben. Und siehe, dort war ein sehr weites und wonniges Gefilde, so reichlich angefüllt von duftenden Blumen . . . Ein so großes Licht aber hatte diese ganze Stätte durchflossen, daß dasselbe heller leuchtete als der Glanz des Tageslichtes, selbst als die Strahlen der Mittagssonne. Auf diesem Gefilde befanden sich unzählige Gruppen von Menschen in weißen Gewändern, und sehr viele Sitze froher Scharen . . .

[Der Führer sagte:] Du aber, der du jetzt zu deinem Körper zurückkehren und wiederum unter Menschen leben mußt, wirst auch, wenn du dein Tun sorgfältiger abzuwägen, deine Sitten und deine Reden in Recht und Einfalt zu bewahren dich bestrebest, deine Wohnstätte unter diesen Scharen seliger Geister erhalten, die du schautest. Als ich mich für kurze Zeit von dir entfernte, tat ich es in der Absicht, zu erfahren, was dein Geschick sein solle.

Als er mir das gesagt, war es mir sehr unlieb, wieder zum Körper zurückkehren zu müssen, da mich die Lieblichkeit und Wonne des Ortes, den ich sah, und zugleich die Gemeinschaft mit denen, die ich dort sah, allzusehr erfreut hatte. Dennoch wagte ich es nicht, meinen Führer um etwas zu bitten, sondern sehe mich plötzlich wiederum lebend unter die Menschen versetzt.

Dieses und anderes, was er gesehen, wollte der Gottesmann nicht den ersten besten Leuten und um ihr ewiges Leben Unbesorgten erzählen, sondern nur jenen, welche entweder durch die Furcht vor den Qualen erschrocken oder, durch die Hoffnung auf die ewigen Freuden gehoben, aus seinen Worten Fortschritt in die Frömmigkeit schöpfen wollten.»

Besonders interessant an dieser Geschichte sind folgende Motive: die auffällige Weise, in welcher sich die Lebensführung und Lebensauffassung dieses Mannes unter dem Eindruck seiner Erfahrung geändert haben, das Vorhandensein eines Geistes, der ihm Beistand leistete und ihn beim Hinübergehen geleitete, und seine Abneigung dagegen, jemandem etwas darüber zu erzählen, der ihm nicht aufgeschlossen und entgegenkommend zuhören wollte.

Zwei interessante Erzählungen von unbekannten irischen Dichtern des neunten und zehnten Jahrhunderts finden sich in der von Kenneth H. Jackson betreuten ausgezeichneten Sammlung keltischer Literaturdenkmäler mit dem Titel *A Celtic Miscellany*.

Von den Knaben, die in den Himmel kamen

Donnán, des Liaths Sohn, ein Jünger des Senán, ging zum Algensammeln an den Strand mit zwei Knaben, die bei ihm in die Schule gingen. Die Wellen trieben sein Boot hinweg von ihm, so daß er kein Boot mehr hatte, die Knaben zu holen, und ein anderes Boot gab es nicht auf der Insel zur Rettung der Knaben. So ertranken denn die Knaben auf einer Felsenklippe. Am nächsten Tage aber wurden ihre Leiber also umhergeworfen, bis sie auf dem Strand der Insel lagen. Da kamen ihre Eltern herbei und standen am Strand und forderten ihre Söhne lebendig zurück. Da sprach Senán zu Donnán: «Heiße die Knaben aufstehen und mit mir reden.» Da sagte Donnán zu den Knaben: «Aufstehen sollt ihr und mit euern Eltern reden, denn Senán gebietet euch also.» Und sie erhoben sich alsbald auf Senáns Geheiß und sprachen zu ihren Eltern: «Ihr habt uns ein Unrecht zugefügt damit, daß ihr uns fortgeholt habt aus dem Lande, in welches wir gekommen waren.» «Wie könnt ihr», sprach da ihre Mutter zu ihnen, «lieber in jenem Lande bleiben wollen als bei uns zu verweilen?» «Mutter», erwiderten sie, «und wenn du uns die ganze Welt gäbest mit all ihren Freuden und Wonnen, so würden wir gleichwohl meinen, in einem Kerker zu sitzen, verglichen mit dem Leben in jener Welt, wo wir gewesen sind. Halte uns nicht zurück, denn es ist an der Zeit, daß wir wieder umkehren in das Land, aus dem wir gekommen sind. Und Gott soll es wirken um unsertwillen, daß ihr nicht wehklagen müßt um uns.» Da willigten ihre Eltern ein, und sie gingen alle miteinander mit Senán in sein Bethaus. Dort empfingen die beiden Knaben das Sakrament und gingen in den Himmel ein. Ihre Leiber aber wurden begraben vor dem Bethaus, bei welchem Senán wohnte. Diese beiden waren aber die ersten Toten, die auf Scattery Island begraben wurden.

Eine Geistergeschichte

Es lebten einmal zwei Scholaren, die gemeinsam studierten, so daß sie wie Brüder lebten von Kindesbeinen an. Und also ging ihre Rede in ihrer kleinen Hütte: «Gar traurig ist die Reise, wenn unsere Lieben und Freunde von uns gehen, da sie nimmer wiederkehren und uns Kunde bringen von dem Land, in welches sie gegangen sind. Wir wollen beschließen, wer von uns beiden als erster stirbt, der soll mit der Kunde zu dem anderen kommen.» «So soll es wahrhaftig geschehen.» Und sie gelobten einander, daß derselbige, der von ihnen beiden als erster stürbe, der solle, noch ehe ein Monat verstrichen, zu dem anderen kommen mit der Kunde.

Nicht lange danach ist dann der eine gestorben. Der andere begrub ihn und sang ihm das Requiem. Und er wartete auf ihn bis ans Ende eines Monats, aber er kam nicht. Da schmähte er ihn und lästerte die Heilige Dreifaltigkeit, bis daß die Seele des Gestorbenen die Dreifaltigkeit bat, hingehen zu dürfen und mit ihm zu reden. Der aber war gerade dabei, in seiner Hütte Verbeugungen zu machen, wo zu seinen Haupten ein schmaler Balken war. Sein Haupt schlug gegen den Balken, so daß er leblos hinstürzte. Seine Seele sah den Leib vor sich liegen, dachte jedoch, sie sei noch in dem Leibe darinnen. Sie sah darauf hin und sagte: «Das ist aber ein Arges, mir einen toten Leib zu bringen. Wahrlich, die Brudergemeinschaft der Kirche ist es gewesen, die ihn gebracht hat.» Danach entwich sie aus dem Hause. Einer der Priester läutete gerade die Glocke. Zu ihm sprach die Seele: «Es ist nicht recht, Priester, den toten Leib zu mir zu bringen.» Der Priester erwiderte nichts. Da floh die Seele zu den anderen. Doch die hörten sie auch nicht. Und die Seele fiel in große Traurigkeit. Sie begab sich fort aus der Kirche zu den Schnittern auf dem Felde. «Hier bin ich», sprach sie. Doch sie hörten sie nicht. Da packte Ingrimm die Seele. Sie kehrte zu ihrer Kirche zurück. Die andern aber hatten den Zehnten holen wollen von ihm und sahen seinen Leichnam in dem Haus und trugen ihn auf den Totenacker.

Als die Seele des zuerst Gestorbenen in die Kirche kam, erblickte sie vor sich die Seele des Freundes. Die sprach zu ihr: «Wohlan denn, du hast lange gebraucht, um zu kommen. Du hast dein Versprechen schlecht gehalten.» «Tadle mich nicht», sprach die andere Seele. «Ich bin viele Male zu dir gekommen und habe neben deinem Kissen gekniet und dich angefleht, aber du hast nichts gehört. Denn der plumpe und stumpfe Leib ist taub für die leichte, ätherische, zartfeine Seele.» «Jetzt kann ich dich hören», sagte die erstere. «Nein», sprach die andre. «Es ist ja nur deine Seele noch hier. Denn deinem eigenen Leibe bist du entflohen. Du hast mich gebeten, zu dir zu kommen, und so ist es nun auch geschehen. Wehe dem, der Übles tut! Selig aber, der Gutes tut! Gehe hin und suche deinen Leib, bevor sie ihn in das Grab gelegt haben.» «Ich werde nimmer in ihn zurückkehren, aus Furcht und Schrecken vor ihm!» «Du sollst aber doch in ihn zurückkehren. Ein Jahr noch sollst du am Leben sein. Singe den Beati-Gesang für meine Seele alle Tage, denn das Beati ist die festeste Leiter und Kette und Schnur, eines Menschen Seele aus der Hölle zu holen.»

Da nahm sie Abschied von der anderen Seele und begab sich zu ihrem Körper, und als sie in denselben hineinfuhr, gab er einen Schrei von sich und erwachte wieder zum Leben. Und als das eine Jahr um war, kam auch diese Seele in den Himmel. Also ist das Beati das beste Gebet, das es gibt.

Auch in diesen beiden Berichten finden sich Motive, die in vielen Wiedergaben aus unserer Zeit vorkommen. In beiden Erzählungen begegnen wir dem nunmehr geläufigen «Widerstreben gegen die Rückkehr». In der zweiten Geschichte wird von dem Eindruck berichtet, der Geist habe seinen Körper verlassen. Der Scholar sieht seinen Körper liegen und ist zunächst außerstande, ihn als seinen eigenen zu erkennen (ein Detail, das ich von vielen gehört habe, die mir von ihrer Todesnähe-Erfahrung berichteten). Ferner erlebt er den

«Einwegspiegel»-Effekt, der darin besteht, daß er zwar die anderen hören und sehen kann, aber sie ihn nicht. Und schließlich trifft er auch seinen zuvor verstorbenen Freund und spricht mit ihm.

Ein interessanter Bericht aus einer fremden Kultur findet sich in dem Hauptwerk des englischen Anthropologen Sir Edward Burnett Tylor (1832–1917). Er referiert in *Die Anfänge der Kultur* (1871) eine Erzählung aus Polynesien.

«Diese Geschichte, die ein besonderes Interesse hat durch die Erwähnung der jetzt nicht mehr vorhandenen riesenhaften Moas [im 13. Jahrhundert ausgestorbene Riesenlaufvögel Neuseelands; Gattung Dinornis; bis zu 3,5 m hoch] . . . wurde Shortland von einem seiner Diener mit Namen Te Wharewera erzählt.

Eine Tante dieses Mannes starb in einer einsamen Hütte nahe den Ufern des Rotorua-Sees. Da sie eine Dame von Stande war, so wurde sie in ihrer Hütte gelassen, Tür und Fenster wurden verschlossen und die Wohnung aufgegeben, da der Todesfall sie zum Tapu [Tabu] gemacht hatte.

Aber einen oder zwei Tage nachher ruderte Te Wharewera mit einigen andern in einem Boote nahe bei jenem Orte und sah am frühen Morgen eine Gestalt am Ufer sitzen, die ihm zuwinkte. Es war die Tante, die wieder zum Leben zurückgekehrt war, aber schwach und frierend und halb verhungert. Als sie durch ihre rechtzeitige Hilfe wiederhergestellt war, erzählte sie ihre Erlebnisse.

Ihre Seele hatte, den Leib verlassend, ihren Flug nach dem Nordkap genommen und war am Eingang von Reigna angekommen. Dort hielt sie an bei dem Stamme der kriechenden Akike-Pflanze, stieg den Abhang hinab und befand sich am sandigen Ufer eines Flusses. Als sie um sich schaute, erblickte sie in einiger Entfernung einen ungeheuren Vogel, größer als ein Mensch, der in schneller Bewegung auf sie zukam. Dieser furchtbare Anblick setzte sie so in Schrecken, daß ihr erster Gedanke war, den Versuch zu machen, die steile Klippe wieder zu übersteigen; als sie aber einen alten Mann ein kleines Boot auf sich zurudern sah, eilte sie ihm entgegen und entkam so dem Vogel. Als sie sicher hinübergebracht worden war, fragte sie den alten Charon, indem sie ihren Familiennamen nannte, wo die Geister ihrer Verwandten wohnten. Und wie sie den Pfad, den der alte Mann ihr bezeichnet hatte, verfolgte, war sie überrascht, grade so einen Weg zu finden, wie sie ihn auf Erden gegangen war. Der Anblick der Gegend, die Bäume, Sträucher und Kräuter, das war ihr alles bekannt.

Sie erblickte das Dorf, und unter der versammelten Menge fand sie ihren Vater und viele nahe Verwandte. Sie begrüßten sie und bewillkommneten sie mit dem Klagegesange, den die Maoris immer anstimmen, wenn sie mit Bekannten nach langer Trennung wieder zusammentreffen. Aber als ihr Vater sie nach seinen noch lebenden Verwandten und besonders nach ihrem eigenen Kinde gefragt hatte, erklärte er ihr, daß sie auf die Erde zurückkehren müsse, denn es wäre keiner übriggeblieben, um für seinen Enkel Sorge zu tragen. Auf seine Veranlassung weigerte sie sich, die Nahrung zu genießen, welche die Toten ihr anboten. Und trotz ihrer Anstrengungen, sie zurückzuhalten, brachte ihr Vater sie sicher in das Boot, setzte mit ihr über und gab ihr zwei ungeheure Bataten [Süßkartoffeln], die er unter dem Mantel hervorholte, damit sie dieselben zur besonderen Nahrung seines Enkels zu Hause einpflanze.

Als sie aber anfing, den Abhang wieder emporzuklimmen, hielten sie zwei nachgefolgte Kinderseelen fest. Und sie entkam nur dadurch, daß sie die Bataten nach ihnen warf, bei deren Verzehren jene sich aufhielten, während sie mit Hilfe des Akike-Stammes den Felsen emporstieg, bis sie die Erde erreichte und dann dahin zurückflog, wo sie ihren Körper verlassen hatte.

Bei der Rückkehr zum Leben befand sie sich im Dunkeln, und was vorgefallen war, schien ihr wie ein Traum, bis sie wahrnahm, daß sie verlassen und die Tür fest verschlossen war, woraus sie den Schluß zog, daß sie wirklich gestorben und wieder zum Leben zurückgekehrt sei. Als der Morgen dämmerte, drang ein schwaches Licht durch die Spalten des verschlossenen Hauses herein, und sie sah auf dem Flur in ihrer Nähe einen Flaschenkürbis, der zum Teil mit roter Ockererde und Wasser gefüllt war. Dies trank sie begierig bis zum Bodensatz aus, worauf sie sich ein wenig gekräftigt fühlte. Es gelang ihr, die Tür zu öffnen und zum Ufer hinabzukriechen, wo sie ihre Freunde bald nachher auffanden.

Diejenigen, welche ihrer Erzählung zuhörten, waren fest von der Glaubwürdigkeit ihrer Abenteuer überzeugt, doch bedauerte man sehr, daß sie nicht wenigstens eine der ungeheuren Bataten als Beweis ihrer Reise in das Land der Geister mit zurückgebracht hatte.»

Es ist mir leider nicht gelungen, Edward Shortlands Buch *Traditions and Superstitions of the New Zealanders* (Überlieferung und Aberglaube der Neuseeländer), auf das Tylor sich stützt, ausfindig zu machen. Immerhin, auch wenn man kulturbedingte Unterschiede in der Diktion und in der symbolischen Umschreibung berücksichtigt und die Entstellung einrechnet, die mit der Erzählung wahrscheinlich vorgenommen wurde bei der Weitergabe vom einen zum anderen, so kann man doch etliche der gemeinsamen Elemente von Todesnähe-Erlebnissen erkennen, wie wir sie dargestellt haben. Die «gestorbene» Frau verließ ihren Körper, überquerte einen Fluß, begegnete schon früher verstorbenen Angehörigen und bekam den Auftrag, zurückzukehren und für ihren Sohn zu sorgen.

Der englische Schriftsteller Thomas de Quincey (1785–1859) hat Todesnähe-Erfahrungen gut gekannt. In seinem bekanntesten Buch, den *Bekenntnissen eines englischen Opiumessers*, schildert er seine Probleme mit der Opiumsucht, die zu seiner Zeit, als Opium offen gehandelt wurde und für jedermann ganz legal zu bekommen war, eine weitverbreitete Gewohnheit gewesen ist. Er beschreibt, wie manchmal Bilder aus seiner Vergangenheit in ihm aufsteigen, und das erinnert ihn an eine Geschichte, die ihm ein weibliches Familienmitglied erzählt hat, von dem Historiker annehmen, daß es sich dabei um seine Mutter gehandelt habe.

In der ersten Fassung seines Buches von 1821 schreibt er: «Eine nahe Verwandte erzählte mir einst, daß sie, als sie in ihrer Kindheit in einen Fluß gefallen war und ihr gerade am Rande des Todes noch die rettende Hilfe kam, ihr ganzes Leben bis in seine winzigsten Vorgänge im Augenblick wie in einem Spiegel vor sich gesehen und plötzlich auch die Kraft besessen habe, das Ganze und jeden seiner Teile auf einmal zu erfassen.»

In *Suspiria de profundis* (Seufzer aus der Tiefe), der Neuen Folge der Bekenntnisse eines englischen Opiumessers kommt

Thomas de Quincey 1845 noch einmal ausführlich auf diesen Vorfall zurück und geht auf die skeptische Reaktion ein, die seine erste Nacherzählung offenbar bei manchen Lesern ausgelöst hatte. «Ich verdanke seine Mitteilung einer Dame meiner Bekanntschaft. Ihr ist die Geschichte als Kind passiert. Sie lebt noch, ist allerdings sehr alt. Ich darf sagen, daß sie es mit der Wahrheit stets peinlich genau genommen hat. Ihre Fehler waren konträrer Natur und entsprangen jener düsteren Strenge des Denkens, die weder gegen sich selbst noch gegen andere nachsichtig sein kann. Zu der Zeit, als sie mir das Erlebnis erzählte, hatte das Alter sie bereits bis zur Askese religiös gemacht.

Mit neun Jahren fiel sie beim Spielen in einen Bach, und zwar dort, wo er am tiefsten war. Ein vorüberreitender Bauer sah sie treiben und zog sie heraus. Niemand wußte, wie lange Zeit zwischen Sturz und Rettung vergangen war. Sie mußte schon im Todesabgrund gewesen sein und hatte in seine Geheimnisse geblickt, so tief vielleicht, wie ein menschliches Auge, das wieder zurück darf ins Licht, nur hineinblicken *kann.* An einem bestimmten Punkt dieses Hinuntersinkens schien sie ein Schlag zwischen die Augen zu treffen: sie nahm eine phosphorische Helligkeit wahr, und im gleichen Moment entrollte sich in ihrem Hirn ein ungeheures Theater. In einem Nu von der Dauer eines Wimpernschlags lebte jedes Muster ihres vergangenen Lebens wieder auf, aber nicht im zeitlichen Nacheinander, sondern als Teil eines großen Synchronismus. Ihr Weg bis zurück in die Kindheitsdämmerung lag wie der Weg nach Damaskus plötzlich von Licht übergossen vor ihr. Das Licht von Damaskus hatte [Saulus] geblendet. Bei ihr muß es sich um eine Helligkeit gehandelt haben, die dem Bewußtsein unendliche Perspektiven nach rückwärts öffnete: ein Panorama der eigenen Vergangenheit mit der Präsenz jedes einzelnen Augenblicks.

Damals wurde diese Anekdote von Kritikern skeptisch aufgenommen. Doch abgesehen davon, daß sie inzwischen durch andere, voneinander unabhängige, den Umständen nach ganz ähnliche Berichte bestätigt worden ist, wurde ihre Bedeutung vielfach gar nicht richtig erkannt. Das Erstaunliche an dem Bericht ist nicht die Synchronizität der reproduzierten Gedächtnisinhalte. Diese ist nur ein sekundäres Phänomen. Viel bedeutungsvoller aber ist die Reproduktion verschütteter Gedächtnisinhalte überhaupt! Ein Leichentuch der Vergessenheit war vom Leben über jedes Erlebnisdetail gebreitet worden. Und nun wird, auf stummen Befehl, auf ein Raketensignal, das unser Gehirn losläßt, dieses Tuch ruckartig entfernt, und das ganze Theater liegt entblößt bis in seine Tiefen vor unserm Blick. Dies war das größere Mysterium. Und es ist ein Mysterium, das den Zweifel ausschließt.»

Aus neuerer Zeit sollte vielleicht erwähnt werden, daß Mitglieder der Kirche Jesu Christi der Heiligen der letzten Tage (die Mormonen also) schon seit langen Jahren Kenntnis haben von Berichten über Todesnähe-Erlebnisse und diese Geschichten in ihren Kreisen in Umlauf setzen. Interessant ist auch die Tatsache, daß C. G. Jung (1875–1961), der Begründer der Analytischen Psychologie, selber ein Todesnähe-Erlebnis gehabt hat, das er in dem Abschnitt «Visionen» des Buches *Erinnerungen, Träume, Gedanken von C. G. Jung* beschrieben hat.

Der 1914 geborene amerikanische Anthropologe Oscar Lewis hat über sein jahrelanges Zusammenleben mit einer mexikanischen Unterschichtfamilie das mitreißende Buch *Die Kinder von Sánchez* geschrieben. Ein Mitglied dieser Familie hatte ihm ein Todesnähe-Erlebnis erzählt.

Ähnliche Schilderungen finden sich auch in der schönen Literatur. Ich möchte nur zwei Beispiele nennen. In seinem Roman *In einem andern Land* läßt Ernest Hemingway den Ich-Erzähler berichten, wie er das Gefühl hatte, während einer Begegnung mit dem Tod seinen eigenen Körper verlassen zu haben. (Dies ist besonders interessant, weil es heißt, dieser Roman sei weitgehend autobiographisch.) Leo Tolstoi beschreibt in seiner Erzählung *Der Tod des Iwan Iljitsch*, wie Iwan Iljitsch bei seinem Tode sich in einem dunklen, höhlenartigen Raum befindet, wie er eine Rückblende auf sein ganzes Leben erfährt und wie er am Ende hinübergeht in ein strahlendes Licht.

Ich möchte betonen, daß die genannten Beispiele nur ein Bruchteil dessen sind, was an Berichten in Wissenschaft, Geschichte und Literatur vorhanden ist. Todesnähe-Erlebnisse sind durchaus kein neuartiges Phänomen, sondern hat es schon seit Urzeiten unter uns Menschen gegeben.

6
Weitere Fragen

Seit dem Erscheinen von *Leben nach dem Tod* sind mir viele Fragen gestellt worden: von Lesern des Buches, von ärztlichen Kollegen und aus wissenschaftlichen Kreisen sowie auch von sonstigen Interessenten. Ich meine, daß manche dieser Fragen von allgemeinem Interesse sind, und möchte sie deswegen in diesem zweiten Buch öffentlich beantworten.

Wird nicht die in breiter Öffentlichkeit geführte Diskussion über alle Einzelheiten dieses Phänomens die Zuverlässigkeit künftiger Forschungsarbeiten auf diesem Gebiet beeinträchtigen?

Das ist natürlich eine heikle Frage. Sie scheucht das Schreckgespenst auf, daß nicht nur spätere Erlebnisse gefärbt und geformt werden durch die Lektüre von Berichten über frühere Erlebnisse, sondern deutet auch die Möglichkeit an, daß gewissenlose Leute fälschlich von sich behaupten könnten, sie hätten etwas Derartiges erlebt, nur um Publicity zu ergattern oder um anderer zweifelhafter Vorteile willen. Und trotzdem, obwohl meine Untersuchung und die Arbeit von

Frau Dr. Kübler-Ross wie auch noch anderer Forscher auf diesem Gebiet die Schwierigkeit vergrößern könnten, die Spreu vom Weizen zu sondern, bin ich immer noch der Meinung: damit dieses Phänomen überhaupt jemals wissenschaftlich analysiert werden kann, muß es vor allem erst einmal ins Rampenlicht gestellt werden.

Die Alternative wäre ja, das Ganze als ein Berufsgeheimnis zu behandeln, und dagegen sprechen nun auch wieder viele gewichtige Gründe. Jahrelang wurde ich sehr häufig folgendermaßen gefragt: «Wenn diese Dinge von so vielen Leuten erlebt werden, warum ist dann davon nicht viel mehr an die Öffentlichkeit gedrungen?» Neuerdings zeichnet es sich ab, daß wir vielleicht eine Phase durchmachen, in welcher die Frage lautet: «Da über solche Dinge so massenhaft publiziert worden ist, kann es da noch verwundern, daß sie von so vielen Menschen nun auch erlebt werden?»

Warum nennen Sie die Namen Ihrer Interviewpartner nicht? Verschenken Sie dadurch nicht ein Stück Glaubwürdigkeit?

Ich werde an der Regel festhalten und keinerlei Namen nennen. Dafür gibt es verschiedene Gründe. Zu mir sind Leute gekommen in der Annahme, daß ich von ihren Namen keinen Gebrauch machen würde. Ich möchte dabei bleiben, damit ich weiterhin derartige Zeugnisse sammeln kann, die mir einige vielleicht nicht anvertrauen würden, wenn sie befürchten müßten, identifiziert werden zu können. Natürlich würde es den Kitzel beim Lesen schon steigern, wenn ich ein Foto von jemandem abdrucken und seinen Namen mit Adresse bekanntgeben würde, wie man das in der Presse so macht.

Aber ebenso natürlich würde dies meine Arbeit unter wissenschaftlichen Gesichtspunkten um keinen Deut glaubwürdiger werden lassen.

Das einzige, was die ganze Sache noch überzeugender untermauern kann, ist, daß andere Forscher an anderen Fällen dieselben Entdeckungen machen wie ich. Ich ziehe ja keine Schlußfolgerungen in meinem Buch: ich behaupte doch nicht mehr, als daß andere, die diese Fragen mit Einfühlungskraft und mit der nötigen Sorgfalt angehen, auch so weit kommen werden, selber Beispiele für Todesnähe-Erlebnisse aufzuspüren, die sämtliche Elemente und Phasen solcher Erfahrungen aufweisen, wie ich sie beschrieben habe.

Könnte nicht die ganze Vorstellung von einem Leben nach dem Tode ebensowohl das reinste Wunschdenken sein?

Manch einer könnte mir entgegenhalten, da alle oder doch die meisten von uns sich ein Weiterleben nach dem Tode wünschen, muß man jeden diesbezüglichen Beweisversuch mit äußerster Skepsis betrachten. Diesem Argument begegnet man auf vielen Gebieten, aber ich möchte darauf hinweisen, daß es auch umgekehrt gelten kann. Die Tatsache, daß es etwas gibt, was die meisten von uns sich wünschen, besagt keineswegs, daß dieses Etwas nicht existieren kann.

Der amerikanische Philosoph und Psychologe William James (1842–1910) hat das sehr treffend ausgedrückt, indem er sagte: in bezug auf religiöse Dinge, welche einer empirischen Verifikation oder Falsifikation nicht zugänglich seien, erscheine es durchaus nicht als vernünftiger, sie nicht zu glauben aus Furcht vor einem Irrtum, denn sie zu glauben aus der Hoffnung, recht zu haben.

Ist das Interesse an Todesnähe-Erlebnissen nicht bloß eine Modeerscheinung?

Das glaube ich nicht. Die Auseinandersetzung mit dem Wesen und Sinn des Todes zieht sich durch die ganze Geschichte des abendländischen Denkens. Nahezu alle großen Philosophen haben sich mit dieser Thematik beschäftigt, und bei vielen kann man sie sogar als das Zentralthema ihres ganzen Denkens und Schreibens ansehen.

Zweitens wird der rasche Fortschritt in der Reanimationstechnik so gut wie sicher die Folge haben, daß wir in Zukunft vermehrt mit diesem Thema zu tun bekommen werden.

Und schließlich müssen schon viele Ärzte von ihren todkranken Patienten die angstvolle Frage gehört haben: «Kann mir denn keiner sagen, wie das Sterben ist?» Auch wenn wir unentschieden lassen, ob wir Todesnähe-Erfahrungen lieber als Vorahnung der Unsterblichkeit oder nur als die Auswirkungen physiologischer Vorgänge im sterbenden Organismus werten sollen, ich halte es in jedem Fall für einen Gewinn, daß wir die Fähigkeit zu erwerben beginnen, etwas mehr Licht in den Sinn dieser verzweifelten Patientenfrage zu bringen.

Haben sich die Menschen, mit denen Sie gesprochen haben, für Okkultismus interessiert und taten sie das vor oder nach ihrer Sterbe-Erfahrung?

Ich habe nunmehr mit über dreihundert Personen gesprochen, die ein Todesnähe-Erlebnis gehabt haben. In einer Gruppe von dieser Größe wäre es nicht verwunderlich, wenn einige davon sich herausstellen würden als Leute mit einer gewissen Neigung zu solchen Dingen wie Seelenwanderung und Wiedergeburt, Kontakt zur Geisterwelt durch Medien, Astrologie und anderen okkulten Phänomenen. Um so interessanter finde ich es, daß in der von mir befragten Personengruppe nur sechs oder sieben eine Tendenz zu diesen Dingen erkennen ließen, sei es vorher schon, sei es erst nach ihrer Sterbeerfahrung. So gut wie niemand aus diesem Personenkreis hat zu Protokoll gegeben, er habe mehr als einmal in seinem ganzen Leben ein unheimliches oder außergewöhnliches Erlebnis gehabt.

Im großen und ganzen gehörten die Menschen, mit denen ich gesprochen habe, nicht zu dem Zirkel derer, die häufig außergewöhnliche Erlebnisse oder ein überdurchschnittlich starkes Interesse an okkulten Dingen haben.

Haben Sie auch schon Atheisten interviewt, die diese Erfahrungen besaßen?

Alle Personen, mit denen ich gesprochen habe, kamen aus einem jüdisch-christlich gefärbten Milieu.

In diesem Zusammenhang ist das Wort «Atheist» zumindest teilweise ein wertender Begriff, der eine bestimmte Aussage über eine Persönlichkeit, ihre Gefühle und Glaubensvorstellungen impliziert. «Atheismus» kann in manchen Fällen nichts weiter sein als eine aufgesetzte Redeweise zur Kaschierung persönlicher Gefühle, die vielleicht in eine gänzlich andere Richtung weisen, ja sogar tief religiös sein können.

Ich schätze, es dürfte praktisch unmöglich sein, in diesen Fällen das Ausmaß der vorher gegebenen religiösen Denkinhalte und ihrer Intensität zu bestimmen, weil ja doch jeder in unserer Gesellschaft zumindest oberflächlich mit religiösen Ideen in Berührung kommt. Hält man sich dies vor Augen, dann erhebt sich immer und bei jedem einzelnen die Frage, inwieweit er bereits – und sei es unbewußt – religiöse Vorstellungen verinnerlicht hat.

Die von mir befragten Personen, die angaben, vor ihrem Todesnähe-Erlebnis keine eigentlich religiösen Gedanken gekannt zu haben, machten die Aussage, daß sie jetzt nach diesem Erlebnis allerdings die Glaubenslehren von einem Jenseits als wahr anerkennen.

Wie waren Ihre Interviewpartner altersmäßig aufgefächert?

Ich habe mit mehreren Erwachsenen gesprochen, die mir von ihren Erlebnissen erzählt haben, welche bereits in ihrer Kindheit stattgefunden hatten. Das früheste Zeugnis bezog sich auf ein Lebensalter von drei Jahren. Selber gesprochen habe ich jedoch nur mit einem Kind über sein Erlebnis, und dazu war es rein zufällig gekommen. Der Junge kam darauf in einem Gespräch mit mir, als er in der Kinderklinik lag, wo ich ihn ärztlich behandelte.

Der Älteste meiner Gesprächspartner war fast fünfundsiebzig, als er sein Todesnähe-Erlebnis hatte. Er berichtete mir darüber nur etwa zwei Monate danach. Mir scheint, das Lebensalter eines Menschen hat wenig zu tun mit dem Inhalt seines Erlebnisses. Selbstverständlich unterscheiden sich die Gedanken, die ein Kind während einer solchen Krise beschäftigen, sehr wohl von denen eines Erwachsenen, und ein Kind wird sie auch anders, nämlich eben auf seine kindliche Weise ausdrücken.

Läuft das Ganze nicht doch auf eine Glorifizierung des Todes hinaus?

Nein, eindeutig nicht. Ich meine, wir sind uns alle der negativen Aspekte des Todes bewußt. Der Tod ist etwas Schlimmes, weil er uns von unseren Lieben wegreißt und weil ihm schwere Leiden bei Krankheit oder Verstümmelung vorausgehen können. Schlimm am Tod ist auch, daß jemand vielleicht zu früh sterben muß, bevor er noch die Chance hatte, all das zu Ende zu bringen, was er sich im Leben vorgenommen hatte.

Ich war einmal «gestorben» und wurde wiederbelebt. Trotzdem weiß ich davon nicht das geringste. Stimmt etwas nicht mit mir?

Mehrere Menschen haben mir ihre diesbezüglichen Sorgen anvertraut, so daß ich bei dieser Gelegenheit etwas ausführlicher darauf antworten möchte. Wie ich in meinem ersten Buch *Leben nach dem Tod* klar gesagt habe, kann sich durchaus nicht jeder, der seinen klinischen «Tod» überlebt, an irgend etwas erinnern. Viele, mit denen ich sprach, haben sich an überhaupt nichts davon erinnern können.

Ich kann *keinerlei* Unterschied feststellen zwischen denen, die während ihres «Todes» solche Erlebnisse gehabt haben, und denen, die keine gehabt haben, wenn man ihr religiöses Milieu, ihren Charakter, die Umstände oder Ursachen ihres «Todes» oder irgendeinen anderen Faktor betrachtet.

Nun könnte man sich fragen, ob nicht ein gewisser Prozentsatz der Menschen, die sich an nichts erinnern, vielleicht diese Denkinhalte verdrängt haben, das heißt, ob es nicht seinerzeit ein Erlebnis gegeben hat, welches aus irgendeinem Grunde das Unbewußte dazu brachte, etwas dem Bewußtsein zu entziehen, es «vergessen» zu lassen.

Mir liegt sehr viel daran, daß andere nicht in den Fehler verfallen, meine Aufzählung der gemeinsamen Elemente als ein starres, nicht mehr ergänzungsbedürftiges Modell für ein Todesnähe-Erlebnis anzusehen, das so und nicht anders zu sein hätte. Das Spektrum von Erlebnistypen ist enorm breit: einige erfahren nur ein oder zwei Elemente, andere fast sämtliche vollständig. Ich gehe davon aus, daß die von mir vorgelegte Aufzählung noch erweitert, modifiziert und umformuliert werden wird. Eine derartige Liste soll nur als ein vorläufiges theoretisches Modell verstanden werden, und man muß der Versuchung widerstehen, daraus ein ehernes Gesetz zu machen.

Sie sagen, nicht jeder, der einen klinischen Scheintod durchmacht, durchlebt auch eine Todesnähe-Erfahrung. Wieviel Prozent haben denn ein solches Erlebnis?

Meine Untersuchung ist von ihrer ganzen Anlage her nicht geeignet, verläßliche Aussagen über diesen Aspekt zu ermöglichen. In erster Linie deshalb, weil meine Auswahl von Fallbeispielen offensichtlich Personen *mit* einem Sterbe-Erlebnis zu stark berücksichtigt. Entsprechend dem Wesen meiner Tätigkeit dürften diejenigen *mit* solchen Erfahrungen mit größerer Wahrscheinlichkeit mit mir darüber sprechen als diejenigen, die ihren klinischen Tod überstanden haben und sich an *nichts* erinnern können.

Eine ähnliche Frage galt häufig den einzelnen Elementen von Todesnähe-Erlebnissen. Man fragt mich zum Beispiel, zu wieviel Prozent die Gewährspersonen die Durchquerung des Tunnels oder die Begegnung mit dem Lichtwesen usw. berichten. Ich habe nicht einmal den Versuch gemacht, den Prozentsatz auszurechnen, in dem die Menschen über dieses oder jenes Element berichtet haben. Denn erstens kann man aus der Tatsache, daß jemand bei der Wiedergabe seiner Erfahrung ein bestimmtes Element nicht aufgeführt hat, noch lange nicht den Schluß ziehen, daß dieses Element auch nicht vorgekommen ist. Der Betreffende könnte es ja schlicht vergessen oder aus persönlichen Gründen weggelassen haben. Und zweitens habe ich mich mit dem Abzählen gar nicht aufhalten *wollen*, weil dabei ja doch nichts anderes herausgekommen wäre als pseudowissenschaftliche Zahlenmystik.

Es wäre mir ein leichtes gewesen, mein erstes Buch wie auch das vorliegende mit Kurven und Tabellen zu spicken, von denen solche Zahlenwerte und Prozentverhältnisse abzulesen wären. Da jedoch meine Sammlung von Fallbeispielen keine Zufallsstichprobe ist und nicht unter kontrollierten Bedingungen zusammengestellt wurde, wären solche Kurven und Tabellen der glatte Selbstbetrug und hätten keinerlei wissenschaftliche Aussagekraft.

Die einzige Möglichkeit, Fragen wie diese wissenschaftlich einwandfrei zu bearbeiten, sehe ich in der Durchführung prospektiver (vorausschauender) Untersuchungen von der Art, wie ich sie im Anhang ausführlicher beschreiben werde. Zum Beispiel: in einer bestimmten Klinik werden die nächsten 250 Fälle erfolgreich verlaufener Wiederbelebungsversuche unter bestimmten kontrollierten Bedingungen untersucht, um bestimmte, vor dem Experiment festgelegte Hypothesen zu testen.

Obwohl es noch keinen zuverlässigen statistischen Beweis gibt, bin ich doch davon überzeugt, daß Todesnähe-Erlebnisse des von mir beschriebenen Typs häufig vorkommen bei reanimierten Patienten. Meine Voraussage lautet: Jeder, der mit Einfühlungsgabe und Sorgfalt auf diesem Forschungsgebiet arbeiten will, wird feststellen, daß es genügend Fallbeispiele gibt.

Haben Sie jemals unter Hypnose einen Gewährsmann nach seinen Todesnähe-Erlebnissen befragt?

Ich habe in der Tat einmal geglaubt, mit freiwilligen Versuchspersonen könne man auf diesem Wege ein gutes Stück weiterkommen. Ja, ich habe sogar schon den Plan zu einem derartigen Versuch entworfen, der natürlich zusammen mit einem tüchtigen und erfahrenen ärztlichen Hypnosefachmann unternommen werden sollte. Aber uns beiden sind dann doch Bedenken gekommen: theoretisch könnte es eine Gefährdung der Versuchsperson bedeuten, wenn man sie geistig zurückversetzt in die Situation ihres klinischen Todes. Das Unterbewußtsein nimmt hypnotische Befehle nämlich sehr wörtlich. Außerdem können hypnotische Befehle manchmal ganz unvorhersehbare und nicht unbedenkliche Wirkungen auf den Körper und seine Funktionen ausüben. So heißt es zum Beispiel, es sei möglich, auf der Haut eines Hypnotisierten eine Brandblase hervorzurufen, indem man ihm nur suggeriert, an der Stelle habe man seine Haut mit einem glühend heißen Gegenstand berührt.

Als wir uns das genauer überlegten, kamen wir darauf, daß ein Mensch, der einer hypnotischen Suggestion folgt und sich geistig zurückversetzt in den Augenblick seines klinischen «Todes», daß der vielleicht auch physiologisch seinen Sterbevorgang noch einmal durchmacht. Und das wäre natürlich niemals zu verantworten gewesen. Deshalb haben wir auf unser Experiment von vornherein verzichten müssen. Und ich habe erst vor kurzem von einem derartigen Versuch gehört, bei dem der Patient tatsächlich ein Herzversagen erlitt und aus diesem kritischen Zustand schleunigst gerettet werden mußte! Es versteht sich von selbst, daß man solche riskanten Menschenversuche auf keinen Fall dulden darf.

Soll man sterbenskranken Patienten etwas erzählen von diesen Erfahrungen im Übergangsfeld zwischen Leben und Tod?

Das haben mich etliche Ärzte gefragt. Ich bin selber noch nicht zu einer befriedigenden Antwort auf diese Frage gekommen, weil es hier so viele Dinge gibt, die man berücksichtigen muß. Ein Argument *dagegen* ist sicherlich, daß das Wissen um diese Phänomene eine Belastung sein kann für Patienten mit einer festgefügten Glaubensvorstellung, nach welcher sich im Augenblick des Sterbens ganz andersartige Dinge abspielen – oder überhaupt nichts abspielt. In solchen Fällen spricht alles dafür, dem Patienten nichts davon zu erzählen, weil es ihn vielleicht doch nur in Unruhe versetzt, besonders wenn er sich schon auf seine persönliche Weise zu einer friedlichen Ergebung in seinen Tod durchgerungen hat.

Auf der anderen Seite habe ich auch Argumente *dafür* gehört, einigen Patienten davon etwas zu erzählen. Denn wenn diese Berichte nicht wahr wären und es kein Leben nach dem Tode gäbe, dann könnte damit ja auch kein Schaden angerichtet werden. Wenn aber die Berichte doch die Wahrheit sagten, dann könnte der Patient durch diesbezügliche Informationen um so besser vorbereitet werden auf das, was ihn erwarte. *Das Tibetanische Totenbuch* ist offenbar nur zu diesem Zweck aufgeschrieben worden. Es diente auch dazu, daß man es den Sterbenden vorlesen konnte (und auch noch ein wenig über ihren Tod hinaus), damit der aus dem Leben Scheidende sich besser zurechtfinde in den Phasen, die er jetzt zu überstehen habe.

Ich glaube, letzten Endes kann man die Frage nur richtig beantworten, wenn man weiß, um was für einen Menschen es sich bei dem Patienten handelt. Der Arzt wird sich auf seinen klinischen Blick verlassen müssen, auf sein Wissen von der Persönlichkeitsstruktur seines Patienten und auf die besondere Beziehung, die zwischen diesem Patienten und diesem Arzt besteht.

Aber die ganze Frage dürfte so oder so schon bald nur noch von akademischem Interesse sein, da alles darauf hinzudeuten scheint, daß das Wissen von der Existenz solcher Erfahrungen sich rapide ausbreitet. In diesem Zusammenhang möchte ich den Vorschlag einer Kinderärztin aufgreifen, die viel mit Patienten in der Endphase zu tun hat. Sie empfiehlt, daß man Menschen hinzuzieht, die über eigene Todesnähe-Erfahrung verfügen, und daß man sie den todkranken Patienten, die davon etwas hören wollen, ihre Erlebnisse vermitteln läßt.

Wie soll man darauf reagieren, wenn ein Bekannter (oder ein Patient) ein derartiges Erlebnis mitteilt, ohne danach gefragt worden zu sein?

Diese Frage hat sich mir ganz persönlich gestellt. Seltsamerweise habe ich nie einen Patienten interviewt, an dessen Wiederbelebung ich beteiligt gewesen war. Immerhin sind mir während meiner medizinischen Ausbildung zwei Patienten begegnet, die mir von sich aus ihre Todesnähe-Erlebnisse erzählt haben. In beiden Fällen lag das Erlebnis schon einige Monate zurück, und in beiden Fällen hatte ich den Patienten nicht einmal andeutungsweise auf dieses Thema angesprochen. Die beiden haben einfach so von ihren Erlebnissen erzählt, sie kamen darauf während der üblichen Unterhaltung zwischen einem Patienten und seinem Doktor.

Das Interessante an diesen beiden Fällen war für mich: sie stellten eine weitere Bestätigung für meine Annahme dar, nach der ein Grund dafür, daß Ärzte dieses Phänomen zuvor nicht wahrgenommen haben, darin besteht, daß sie einfach nicht aufmerksam zuhören, wenn Patienten ihnen von solchen Begebenheiten erzählen.

Einer der beiden Patienten war ein älterer Mann mit einer Hautkrankheit, der andere war ein geistig etwas zurückgebliebener Junge von zwölf Jahren mit einem angeborenen Leiden seines innersekretorischen Systems. Beide haben nicht wissen können, daß ich mit einer Arbeit über Todesnähe-Erlebnisse beschäftigt war. Ihre völlig unerwarteten Eröffnungen haben mich so total verblüfft, daß ich zunächst praktisch gar nichts mehr tun konnte. In beiden Fällen habe ich mich dann auf einige wenige neutrale Bemerkungen beschränkt wie zum Beispiel: «Ja, das ist interessant», im übrigen aber kein besonderes Gewicht auf diese Sache gelegt. Vermutlich habe ich seinerzeit gemeint, diese Patienten hätten sich wegen eines organischen Problems an mich gewandt und die Klinik sei auch nicht der passende Ort, um diese Art von Gespräch zu führen. Keinem der beiden Patienten habe ich eine Andeutung darüber gemacht, daß ich schon je zuvor etwas von einer solchen Todeserfahrung gehört hatte.

Wenn ich daran zurückdenke, dann fühle ich mich heute doch auch schuldig, weil ich diesen beiden Menschen mein Wissen über diese Erfahrungen vorenthalten habe. Vielleicht wäre die Mitteilung, daß auch andere Menschen solche Erlebnisse haben, das einzig Wesentliche gewesen, was ich zu ihrer Entlastung hätte beitragen können.

Heute bin ich soweit zu empfehlen, man könne – unter

Berücksichtigung der speziellen menschlichen Beziehung, um die es da geht – vielleicht in einer abweichenden Formulierung, aber sinngemäß etwa folgende Antwort geben: «Solche Erlebnisse kommen vor, und schon viele andere haben so etwas erzählt. Wenn man auch vom naturwissenschaftlich-medizinischen Standpunkt aus noch keine gesicherten Aussagen darüber machen kann, was sie eigentlich bedeuten, so ändert das nichts daran, daß dieses Erlebnis für Sie persönlich eine große Bedeutung haben muß. Letzten Endes kommt es nur darauf an, was Sie persönlich daraus machen: welche Bedeutung Sie Ihrem Erlebnis geben und wie Sie das Ganze in Ihr eigenes Leben hineinnehmen. Vielleicht hilft es Ihnen bei der Suche nach einem Verständnis für diese Dinge, wenn Sie sich mit bedeutenden Werken der religiösen Literatur auseinandersetzen oder wenn Sie das Gespräch mit anderen suchen, die selber auch diese Erfahrungen gemacht haben oder die darüber geforscht oder nachgedacht haben.»

Soll die Tatsache, daß man etwas von solchen Erlebnissen weiß, einen Einfluß ausüben auf die Behandlung, die man einem sterbenden Patienten angedeihen läßt?

Das ist eine sehr schwierige Frage. Eine Sache, die mir dazu einfällt, ist: man soll sehr genau abwägen, was während eines Wiederbelebungsversuches gesprochen wird, auch wenn es ganz eindeutig zu sein scheint, daß der Patient verloren ist. Viele Ärzte waren überrascht, als sie hörten, wie ein Patient ihnen wörtlich zitieren konnte, was sie bei dem erfolgreichen Reanimationsversuch gesagt hatten. Ich kenne einen Arzt, der viel mit todkranken Patienten zu tun hat. Er hatte schon von zahlreichen Sterbeerlebnissen der von mir beschriebenen Art gehört, noch ehe er etwas von meiner Forschungsarbeit erfahren hatte. Dieser Arzt hat es sich zur Gewohnheit gemacht, bei seinen Patienten noch eine Weile zu bleiben, wenn sie gestorben sind, und sich um sie zu kümmern, indem er zu ihnen spricht. Das ist besonders interessant, weil dieser Mann so handelt, obwohl er persönlich davon überzeugt ist, daß Todesnähe-Erlebnisse nichts anderes sind als physiologische Prozesse, die noch eine Zeitlang im Gehirn ablaufen, auch wenn der Herzschlag schon ausgesetzt hat.

Welche Auswirkungen haben Arbeiten über Todesnähe-Phänomene auf die ethischen Fragen im Zusammenhang mit der künstlichen Lebensverlängerung, auch wenn das Gehirn irreversibel geschädigt ist?

Die Auswirkungen dieser Arbeiten können bei Fällen von künstlicher Aufrechterhaltung vegetativer Lebensfunktionen sehr bedeutsam sein. Allerdings liegt der Stand der Forschung auf diesem Gebiet noch so weit zurück, daß zur Zeit noch keinerlei Schlußfolgerungen möglich sind. Und auch wenn es einmal so weit kommt, daß Todesnähe-Phänomene als Tatsachen wissenschaftlich anerkannt werden und nicht mehr im Bereich des Anekdotischen und Spekulativen herumgeistern, auch dann würde dieses ethische Dilemma weiterhin existieren. Was die spezielle Frage der sogenannten «Sterbehilfe», also der Beihilfe zur Lebensbeendigung, angeht, so ist meine Einstellung dazu jedoch vollkommen eindeutig. Aus ethischen Gründen bin ich dagegen und kann es unter gar keinen Umständen billigen.

Ich gehöre zu einem medizinischen Notfall-Team und bin häufig in Versuche eingeschaltet, das Leben von Patienten zu retten, die nicht mehr die geringsten Lebenszeichen von sich geben. Es fällt mir schwer, von solchen Patienten gesagt zu bekommen, wie das gelegentlich geschieht, sie seien ganz und gar nicht einverstanden mit unseren Bemühungen, sie wieder ins Leben zurückzuholen, weil sie nämlich beim Sterben ein solches Erlebnis gehabt hätten. Wie soll man emotional mit so etwas umgehen?

Ich habe sowohl von Patienten als auch von Ärzten von derartigen Vorkommnissen gehört. Nach meiner Erfahrung handelt es sich dabei aber immer um vorübergehende Reaktionen. Diese Patienten lehnen vielleicht im ersten Moment die Wiederbelebungsmaßnahmen ab, aber nach einigen Stunden, Tagen oder Wochen wandelt sich ihre Haltung. Im allgemeinen werden diese Menschen nach und nach tief dankbar dafür, daß sie noch «eine zweite Chance» bekommen haben.

Einige Ihrer Zeugen haben gesagt, sie seien jetzt zu dem Glauben gekommen, die Fähigkeit, andere zu lieben, und die Aneignung von mehr Wissen seien das Wichtigste, was man in seinem Leben anstreben müsse. Könnten Sie das bitte etwas genauer erläutern? Was für eine Liebe? Was für ein Wissen?

«Liebe» und «Wissen» sind beide außerordentlich vieldeutige Begriffe. Die griechischen Wörter *philia*, *eros* und *agape* bedeuten an sich je besondere Denkinhalte, können aber doch alle drei mit dem Begriff «Liebe» übersetzt werden. Ich schließe aus der Art und Weise, wie diese Menschen über ihre Erlebnisse berichten, daß sie das Wort «Liebe» in dem Sinne gebrauchen, der am genauesten der Bedeutung von *agape* entspricht. Als inhaltliche Bestimmung ist damit also allgemein etwas gemeint, was man als eine überströmende, spontane und unbedingte Liebe kennzeichnen kann, die man anderen schenkt ungeachtet ihrer Mängel und Schwächen.

Gleichermaßen sind die griechischen Ausdrücke *episteme* und *techne*, die wiederum ganz verschiedene Dinge bedeuten, doch beide mit «Wissen» zu übersetzen. *Techne* kennen wir aus unseren Wörtern «Technik» und «Technologie», woraus sich schon ergibt, daß es hier eher um angewandtes Wissen geht. *Episteme* umfaßt mehr die tatsachenbezogenen und theoretischen Arten von Wissen im Sinne von Erkenntnis. Wenn ich den Erzählungen über Todesnähe-Erlebnisse lauschte, dann hatte ich immer den Eindruck, hier war von der Art des Wissens die Rede, die sich mehr auf theoretische und tatsachenorientierte Erkenntnismodi bezieht. Es ist also zum Beispiel keiner wieder ins Leben zurückgekehrt mit dem brennenden Verlangen, Radfahren zu lernen, obwohl man rein sprachlich durchaus sagen kann, jemand «weiß» was vom Radfahren.

Vor kurzem habe ich Personen mit eigener Todesnähe-Erfahrung ausdrücklich gebeten, so genau wie möglich darzustellen, auf welche Art von Liebe oder Wissen es nach ihrer Auffassung ankommt. Einer meiner Informanten war ein Mann über Vierzig, der einen schweren Autounfall «erlebt» hatte. Er wurde ins Krankenhaus transportiert, wo man seinen Zustand für hoffnungslos erklärte. Aber die Wiederbelebungsmaßnahmen führten dann doch zum Erfolg. Bei einem

Interview etwa vier Wochen danach sagte dieser Mann mir folgendes:

[Über Liebe] «Ja, es [das Lichtwesen] hat mich nach der Liebe gefragt. Wie weit war ich beim Liebenlernen gekommen? Was es mich damals gefragt hat, war mir damals völlig klar, aber jetzt kann ich es kaum erklären. Es [das Lichtwesen] hatte es darauf abgesehen, daß ich begriff: hier ging es um eine Art von Liebe, die nichts zu tun hatte mit dem Herabstufen von Menschen. Ihm [dem Lichtwesen] ging es um die Frage, ob ich Menschen lieben könne, auch wenn ich sie sehr genau kannte und ihre Fehler sehr wohl sah.»

[Über Wissen] «Das Wissen, das ich gewonnen hatte: das wurde auch erwähnt ... Was für eine Art von Wissen? Na ja, das kann man sehr schwer sagen, wissen Sie. Aber es ging um ein Wissen von grundlegenden Dingen, um Gründe und Ursachen, um die allgemeinen Prinzipien, auf denen alles basiert ... [um Wissen] von dem, ‹was die Welt im Innersten zusammenhält› ... Mir wurde gesagt, das sei das Wesentliche auch hier auf der Erde ...»

Das folgende sind Ausschnitte aus einem Interview mit einer Hausfrau Ende Dreißig, bei der es nach einem chirurgischen Eingriff zu Komplikationen gekommen war, die zum Herzstillstand geführt hatten.

[Über Liebe] «Er [gemeint ist das Lichtwesen] zeigte mir alles, was ich getan hatte, und fragte mich dann, ob ich mit meinem Leben zufrieden sei ... Ihm kam es auf die Liebe an. Die Liebe war alles! Und er meinte damit die Art von Liebe, die mich darauf achten läßt, ob mein Nächster etwas zu essen und anzuziehen hat, und die mir den Wunsch eingibt, ihm zu helfen, wenn er das nicht hat.»

[Über Wissen] «Hierbei handelte es sich um eine Art von tieferem Wissen, ein Wissen mit der Seele gewissermaßen ... um Weisheit, möchte ich sagen.»

Es stellt sich ganz klar heraus, daß die Liebe als Sinnziel den Schwerpunkt bildete in der Lebensrückschau, die diese beiden Menschen erlebt hatten. Wurde dagegen von dem Lichtwesen das Wissen angesprochen, dann geschah das oftmals in einer eher beiläufigen, fast schon flüchtigen Form. Das Lichtwesen gab zu verstehen, daß der Lernprozeß nicht aufhörte mit dem Eintritt des Todes, sondern sich sogar fortsetzte, wenn man für immer nach drüben ging.

Es darf nicht übersehen werden, daß diese Erörterung noch komplizierter wird durch die Tatsache, daß die Gewährsleute sagen, um den vollen Eindruck dieses Erlebnisses wiedergeben zu können, brauchten sie eine Sprachgewalt, wie sie ihnen bei weitem nicht zu Gebote stehe. Die Worte, mit denen sie sich behelfen müßten, seien einfach unzulänglich. Letzten Endes seien diese weit entrückten Dinge sprachlich nicht zu erfassen, sie seien unbeschreiblich.

Im Griechischen gibt es noch einen weiteren Begriff, der mit Wissen zu tun hat: *sophia. Sophia* kann man vielleicht am besten mit «Weisheit» übersetzen, und es will schon etwas besagen, daß genau dieser Ausdruck in dem soeben zitierten Tonbandprotokoll auftaucht. *Sophia* und «Weisheit» haben beide sozusagen eine sowohl ethische als auch tatsachenbezogene Dimension. Der Weise wird vermutlich Wissen nicht bloß besitzen, sondern auch fähig sein, es in einer moralisch einwandfreien Form anzuwenden. Der zitierte Bericht bezieht sich also auf einen moralischen Aspekt der Wissensvermehrung.

Können Menschen ähnliche oder die gleichen Erfahrungen machen, wie Sie sie beschrieben haben, auch ohne zu «sterben» oder den Tod auch nur zu streifen?

Offenbar ja. Viele Personen haben mir von ihren Ausleibigkeitserlebnissen erzählt, die spontan zustande gekommen waren. Die betreffenden Leute waren nicht «tot» oder auch nur krank oder sonstwie gefährdet. Außerdem war in den meisten Fällen auf keine Weise nach derartigen Erfahrungen etwa «gesucht» worden. Sie kamen vollkommen überraschend.

Todesnähe-Erlebnisse sind auch in mancher Hinsicht etwas Ähnliches wie die mystischen oder religiösen Erleuchtungen, wie sie von den großen Visionären in der Geschichte beschrieben werden. Es könnten zweifellos noch sehr viel mehr Beispiele für Ähnlichkeiten aufgeführt werden. Aber ich habe nach solchen Berichten nun nicht extra gesucht oder bin denen besonders gründlich nachgegangen, von denen ich gehört hatte. Und dies nicht etwa aus Desinteresse. Der Grund war allein: ich entdeckte eine solche Überfülle von Material, daß ich alle Hände voll zu tun hätte, wenn ich mich ausschließlich auf solche Fälle konzentrierte, in denen es tatsächlich zu einer Begegnung mit dem Tode gekommen war.

Wenn man mich fragt, wie ich mir diese Ähnlichkeiten erkläre, und wenn man mich für einen Moment ruhig ein bißchen drauflos spekulieren läßt, dann fallen mir schon einige mögliche Erklärungen ein. Nehmen wir zum Beispiel die Hypothese an, es gebe eine direkte Fortsetzung des Lebens nach dem körperlichen Tod. Wenn das so wäre, dann müßte es einen Mechanismus geben – einen physischen oder einen geistigen oder einen sowohl körperlichen als auch seelischen Vorgang –, der die Psyche oder die Seele (oder welche andere Bezeichnung man vorzieht) im Augenblick des physischen Todes aus dem Körper heraustreten läßt. Und wir setzen ja nun auch nicht voraus, daß die Mechanismen unseres Körpers jederzeit einwandfrei funktionieren. Manchmal arbeiten unsere Organe nicht richtig, und auch unsere Vernunft, unsere Wahrnehmungskraft oder unsere Denkfähigkeit kann uns gelegentlich in die Irre führen. Ganz entsprechend dürfen wir nicht annehmen, ein solcher hypothetischer Mechanismus zur Herauslösung der Seele aus dem Körper werde immer reibungslos funktionieren. Könnte es nicht sein, daß besondere Situationen – Belastungen usw. – dazu führen, daß dieser Mechanismus vorzeitig in Gang gesetzt wird? Wenn das alles wirklich so wäre, dann ließe sich damit die Ähnlichkeit zwischen Todesnähe-Erlebnissen und anderen Erfahrungen, wie zum Beispiel dem Austreten der Seele aus dem Körper, erklären. Auf diese Weise hätte man auch eine Erklärung für die Tatsache, daß die Phänomene, die von Personen in höchster Lebensgefahr, aber ohne die geringste Verletzung erlebt werden, sich decken können mit den Erfahrungen von anderen, die wiederbelebt werden konnten nach Eintritt des klinischen «Todes».

Sie haben gerade eben gesagt, mystische Erleuchtungen seien in vieler Hinsicht etwas Ähnliches wie Todesnähe-Erlebnisse. Worin besteht die Ähnlichkeit zwischen beiden?

Heutzutage setzt man «Mystik» oft gleich mit «orientalischer Mystik». Dabei reicht die Geschichte der mystischen Visionen weit zurück in die abendländische Überlieferung. Augustinus, Franz von Assisi, Theresia von Ávila, Meister Eckart, Jeanne d'Arc – man könnte sie alle Mystiker nennen.

In seinem berühmten Werk *Die religiöse Erfahrung in ihrer Mannigfaltigkeit* (1902) schrieb der große amerikanische Psychologe und Philosoph William James (1842–1910) auch über die Mystik. Er nennt die folgenden vier Merkmale für mystische Erfahrungen:

«1. *Die Unbeschreiblichkeit.* Der Mystiker betont stets, daß sein Zustand jeder Beschreibung trotze: sein Inhalt lasse sich nicht in Worte fassen; er sei nur in ursprünglicher Erfahrung erlebbar, aber weder übertragbar noch mitteilbar. Hierin gleichen die mystischen Zustände mehr den Gefühlszuständen als den intellektuellen Zuständen. – ...

2. *Der Geistes- und Wahrheitscharakter.* Obgleich die mystischen Zustände Gefühlszuständen sehr ähnlich sind, scheinen sie denen, die sie erleben, doch auch zugleich Erkenntnis zu vermitteln. Es sind Zustände, durch die man Einsicht in die Tiefen der Wahrheit erhält, die dem bloßen Verstande verschlossen bleiben. Es sind Erleuchtungen, Offenbarungen voll Bedeutung und Wichtigkeit; trotz ihrer Unbestimmtheit haben sie auf die Folgezeit gewöhnlich einen erstaunlichen Einfluß.

Diese beiden Merkmale machen einen Zustand zu einem mystischen in dem Sinne, wie ich das Wort gebrauche. Zwei andere Charakteristika treten weniger scharf hervor, sind aber auch meist zu konstatieren. Es sind:

3. *Die Unbeständigkeit.* Mystische Zustände sind nicht von langer Dauer. Wenige Beispiele ausgenommen, scheint die Zeit einer halben Stunde oder höchstens einer bis zwei Stun-

den die Grenze zu sein, über welche hinaus sie wieder verblassen und dem gewöhnlichen Bewußtseinsinhalt Platz machen. Oft kann ihre Eigentümlichkeit nachträglich nur unvollkommen ins Gedächtnis zurückgerufen werden. Treten sie aber wieder auf, so erkennt man sie wieder und fühlt, wie sie mit jedem Male reicher und bedeutungsvoller werden.

4. *Die Passivität.* Das Auftreten mystischer Zustände kann zwar durch bestimmtes Verhalten absichtlich erleichtert werden, z. B. durch Fixierung der Aufmerksamkeit, durch gewisse körperliche Betätigungen oder durch andere in den Handbüchern der Mystik vorgeschriebene Mittel; aber wenn dieser besondere Bewußtseinszustand einmal da ist, hat der Mystiker das Gefühl, als wenn sein eigener Wille in Untätigkeit versetzt sei, und manchmal auch, als werde er von einer höheren Macht ergriffen und getragen. Diese letztere Eigentümlichkeit teilen die mystischen Zustände mit gewissen Erscheinungen von Doppel- oder Wechsel-Persönlichkeit, wie sie im prophetischen Reden, im automatischen Schreiben oder in spiritistischer Ekstase vorliegen. Der entscheidende Unterschied ist aber der, daß diese letzteren Zustände, selbst wenn sie stark ausgeprägt sind, keinerlei Erinnerung an den Vorgang zurücklassen. Sie gewinnen daher auch gewöhnlich gar keine Bedeutung für das innere Leben, sondern bilden gleichsam nur eine Episode in demselben. Mystische Zustände im strengen Sinne des Wortes sind dagegen niemals rein episodisch. Es bleibt immer einige Erinnerung an ihren Inhalt und ein tiefes Gefühl von ihrer Bedeutung zurück. Sie bestimmen das innere Leben des Menschen in der Zeit zwischen den erneuten Erscheinungen. Doch ist es schwer, in dieser Sphäre ganz scharfe Abgrenzungen zu treffen: wir finden alle Arten

von Gradabstufungen und Mischungen.»

Andere haben noch weitere Merkmale hervorgehoben. Zwei Beispiele dafür sind die Veränderungen des Raum- und Zeitgefühls und in vielen Fällen eine integrierende Wirkung der mystischen Erfahrung auf die Persönlichkeit und auf das weitere Leben des betreffenden Mystikers.

Sämtliche Kriterien in der soeben zitierten Aufstellung passen ganz offenkundig auf diese oder jene Weise zu den Todesnähe-Erlebnissen. Und doch gibt es auch andere, sehr häufige Züge bei Todesnähe-Erlebnissen, die nicht als Bestandteile in den Erfahrungen großer Mystiker der Geschichte herausgestellt werden. Ein Beispiel dafür ist der panoramahafte Rückblick auf das eigene Leben.

Sagen manche Zeugen, ihr Zeitgefühl sei verändert gewesen während dieser Erlebnisse?

Sogar sehr häufig wird berichtet, daß während eines Todesnähe-Erlebens die Zeit anders ablaufe. Dies kommt deutlich zum Ausdruck in Bemerkungen wie derjenigen einer Frau, die sich während eines klinischen Schein-«Todes» in einer paradiesischen Umgebung aufgehalten hat. Als ich sie fragte, wie lange das wohl gedauert habe, antwortete sie: «Man könnte sagen: eine Minute, oder man könnte sagen: zehntausend Jahre. Beides würde auf dasselbe hinauslaufen.»

Oder da ist ein Mann, der bei einer Explosion vom Feuer eingeschlossen wurde und sich selbst als über seinem Körper schwebend erlebte und sah, wie andere zu seiner Rettung herbeieilten. Er schildert, wie zu diesem Zeitpunkt die Welt um ihn herum sich völlig aufzulösen schien und ein Rückblick auf alle Phasen seines Lebens sich vor ihm auftat, während er gleichzeitig darüber in der Anwesenheit von «Christus» «diskutierte». Auf die Frage, wie lange dieser Rückblick gedauert habe, erwiderte er, wenn er das unbedingt in Uhrzeitbegriffen ausdrücken solle, dann müsse er sagen, es habe mindestens eine Stunde lang gedauert. Doch als er gesagt bekam, daß er wieder umkehren müsse, und als die Rückschau entschwand, da habe er seine konkrete Umgebung wieder erkennen können. Die Menschen, die ihm zu Hilfe eilten, sah er wie auf einem Standphoto mitten in der Bewegung erstarrt, und zwar noch genauso, wie er sie zuletzt gesehen hatte, bevor die Rückschau sich dazwischenschob. Als er zu seinem Körper zurückzukehren meinte, kam auch wieder Bewegung in die Bilder.

Diese Beispiele und noch viele andere zeigen, daß während eines Todesnähe-Erlebnisses – um es mit den Worten eines dritten Zeugen zu sagen – «Zeit drüben etwas anderes ist als hier». Man kann hierin durchaus ein Merkmal sehen, das sowohl Todesnähe-Erlebnisse charakterisiert als auch mystische Erleuchtungen.

Wenn ein Mensch bei einer Todesnähe-Erfahrung seinen Körper verlassen hat, spürt er dann noch Schmerzen?

Viele Personen haben mir berichtet, sie hätten im Zustand des Losgelöstseins von ihrem Körper keinerlei Schmerzen mehr gefühlt, obwohl sie noch unmittelbar vorher unter schweren Schmerzen gelitten hatten. Einige erzählten mit Verwunderung, wie sie in ihrem Ausleibigkeitszustand zwar sehen konnten, daß Ärzte oder Pfleger auf ihren Brustkorb preßten, ihnen Kanülen in die Armvenen jagten usw., aber von alledem nicht das geringste Schmerzgefühl verspürten. Auf der anderen Seite haben Zeugen mitgeteilt, kaum daß sie wieder in ihren Körper hineingeschlüpft waren, habe der Schmerz sofort wieder eingesetzt.

Sie haben extrem langfristige Fälle von Todesnähe-Erlebnissen erwähnt. Wie ist es möglich, daß diese Menschen wiederbelebt werden konnten, ohne einen schweren Hirnschaden zurückzubehalten?

Hier muß man verschiedene Gründe nennen. An erster Stelle die Tatsache, daß während der Wiederbelebungsmaßnahmen das Gehirn von Blut durchströmt wird und also den Sauerstoff und die Nährstoffe aus dem Blut geliefert bekommt. Das ist ja der Sinn jeder Herzmassage: das Blut in Bewegung zu halten, auch wenn das Herz nicht mehr schlägt.

Zweitens können bestimmte Umstände wie zum Beispiel Temperaturunterschiede das Risiko einer Hirnschädigung beeinflussen. Das Gehirn eines Patienten mit einer Körpertemperatur von 37° C unmittelbar vor Eintritt des Todes wird rascher Schaden erleiden als das Gehirn eines Patienten mit herabgesetzter Körperkerntemperatur. Bei Operationen am offenen Herzen wird ja sogar für lange Zeit das Herz-Kreislaufsystem stillgelegt, ohne daß das Gehirn des Patienten durchblutet wird, und trotzdem kommt es zu keiner Hirnschädigung. Dies ist nur möglich dank der künstlichen Hypothermie, bei der die Gehirntemperatur physikalisch heruntergekühlt wird.

Auch wenn immer wieder zu hören ist, länger als fünf

Minuten könne das Gehirn ohne Sauerstoffzufuhr nicht auskommen, danach trete unweigerlich ein Gehirnschaden auf, dann ist das nur eine stark vergröberte Faustregel. Eine Vielzahl anderer Faktoren muß unbedingt auch noch berücksichtigt werden, wenn man zu einem abgewogenen Urteil über die komplexen Vorgänge bei einem Reanimationsversuch kommen will. Tatsache ist, daß ernstere Hirnschäden seltene Ausnahmen sind bei einer Wiederbelebung nach Herzstillstand.

Sie haben gesagt, Todesnähe-Erfahrungen sind in den letzten Jahrzehnten als Folge des Fortschritts in der Reanimationstechnik viel häufiger geworden. Hat es so etwas wie Reanimation auch schon vor Begründung der modernen Medizin gegeben?

Die Wiederbelebung in dieser oder jener Form ist an sich schon ein sehr altes Verfahren. Viele tausend Jahre alte Tontafeln mit medizinischen Texten aus Phönizien beschreiben bereits die Wiederbelebungstechnik der Mund-zu-Mund-Beatmung. Ferner lesen wir in der Bibel (Zweites Buch von den Königen, Kap. 4, 18–37): «Da aber das Kind groß ward, begab sich's, daß es hinaus zu seinem Vater zu den Schnittern ging, und sprach zu seinem Vater: ‹O mein Haupt, mein Haupt!› Er sprach zu seinem Knecht: ‹Bringe ihn zu seiner Mutter!› Und er nahm ihn, und brachte ihn hinein zu seiner Mutter. Und sie setzte ihn auf ihren Schoß bis an den Mittag. Da starb er.

Und sie ging hinauf und legte ihn [in der Dachkammer ihres Hauses] aufs Bett des Mannes Gottes [Elisas], schloß zu und ging hinaus und rief ihren Mann und sprach: ‹Sende mir der Knechte einen und eine Eselin. Ich will zu dem Mann Gottes und wiederkommen.›

Er sprach: ‹Warum willst du zu ihm? Ist doch heute nicht Vollmond noch Sabbat.›

Sie sprach: ‹Es ist gut.› Und sie sattelte die Eselin und sprach zum Knecht: ‹Treibe fort und säume mich nicht mit dem Reiten, wie ich dir sage.›

Also zog sie hin und kam zu dem Mann Gottes auf dem Berg Karmel . . .

Und da Elisa ins Haus kam, siehe, da lag der Knabe tot auf seinem Bett. Und er ging hinein, schloß die Tür zu für sie beide und betete zu dem Herrn und stieg hinauf und legte sich auf das Kind, und legte seinen Mund auf des Kindes Mund und seine Augen auf seine Augen und seine Hände auf seine Hände und breitete sich also über ihn, daß des Kindes Leib warm ward.

Er aber stand wieder auf und ging im Haus einmal hierher und daher und stieg hinauf und breitete sich über ihn. Da schnaubte der Knabe siebenmal. Darnach tat der Knabe seine Augen auf . . .

Und da er [Elisa] sie [die Mutter] rief, kam sie hinein zu ihm. Er sprach: ‹Da nimm hin deinen Sohn!›

Da kam sie, fiel zu seinen Füßen und beugte sich nieder zur Erde und nahm ihren Sohn und ging hinaus.»

Eine ähnliche Geschichte, wenn auch mit weniger Einzelheiten, wird im Ersten Buch von den Königen, Kap. 17, 17–24, erzählt. Ein interessantes Detail in der hier wiedergegebenen Geschichte aus dem Zweiten Buch von den Königen ist, daß der Knabe bei seinem Wiedererwachen zum Leben niesen muß. Nach einem weltweit verbreiteten Volksglauben ist Niesen ein Zeichen dafür, daß die Seele wieder eingekehrt ist in den Körper, nachdem sie ihn für eine kurze Zeit verlassen hatte. Wahrscheinlich ist diese sonst ja doch rätselhafte kleine Einzelheit in der biblischen Erzählung ein Echo jenes Volksglaubens.

Zu den schon in sehr frühen Zeiten bekannten und gebräuchlichen Wiederbelebungsmethoden gehört auch die äußere Erhitzung des Unterleibs bei dem Opfer. Eine andere Technik war das Schlagen: man fügte dem Bewußtlosen scharfe Schmerzen zu, indem man mit Brennesseln auf ihn einschlug und ihn damit wieder lebendig zu machen hoffte. Ohne Zweifel wurden auch noch andere Verfahren angewendet, es bedeutete aber einen erheblichen Fortschritt, der uns Heutige schon recht «wissenschaftlich» anmutet, als der große deutsche Arzt Paracelsus (1493–1541) eine neue Prozedur einführte. Zur Wiederbelebung von Scheintoten oder von Beinahe-Toten pumpte er Luft in ihre Lungen mit Hilfe eines Blasebalgs, wie man ihn damals wie heute zum Feueranfachen benutzte. Auch der Begründer der modernen wissenschaftlichen Anatomie, der aus Flandern gebürtige Leibarzt Kaiser Karls V., Andreas Vesalius (1514–1564), arbeitete mit dem Blasebalg zur Wiederbelebung und unternahm Versuche mit künstlicher Beatmung. Die Verwendung von Blasebälgen wurde dann mehrere Jahrhunderte lang in Europa beibehalten. Daneben gab es noch andere Techniken in den verschiedenen Epochen und Kulturen: so legte man etwa einen Ertrunkenen bäuchlings über ein Faß und rollte es hin und her, oder man legte den Betreffenden quer über einen Pferderükken und ließ das Pferd im Trab laufen. Die Wiederingangsetzung des Herzens nach Winter durch Injektion von Adrenalin (Epinephrin) ist schon seit 1905 bekannt.

Die Wiederbelebungsmethoden haben eine lange Geschichte, und zwar nicht nur im abendländischen, christlich-jüdischen Kulturkreis, sondern auch in den sogenannten «primitiven» Kulturen. Zum Beispiel haben einige Indianervölker in Nordamerika das folgende Verfahren gekannt: sie drückten Rauch aus einer Art Spritze oder Pumpe in den After des Opfers hinein. Diese Technik kommt uns heute vielleicht abwegig vor, soll aber eine Zeitlang mit Erfolg in den amerikanischen Kolonien praktiziert worden sein und sich sogar in England gegen Ende des achtzehnten Jahrhunderts durchgesetzt haben.

Da ganz nahe Kontakte mit dem Tod etwas Übliches sind in allen Gesellschaften von den primitivsten bis zu den höchstzivilisierten, habe ich mich gefragt, ob nicht vielleicht Todesnähe-Erlebnisse wenigstens teilweise als Erklärungsgrundlage dienen können zum Verständnis einer uralten und sehr verbreiteten Vorstellung von Krankheit. In allen Teilen der Welt und zu allen Zeiten der Geschichte und Vorgeschichte hat es den Glauben gegeben, in bestimmten Fällen sei die Krankheit dadurch verursacht, daß die Seele den Körper verlassen habe. Wo dieser Glaube lebendig ist, besteht die Heilbehandlung ganz wesentlich in dem Bemühen, den Leidenden zur Rückkehr in seinen Körper zu bewegen, sei es durch Überredung, sei es durch Zwang. Man könnte noch auf weitere ähnliche Inhalte des Volksglaubens verweisen – zum Beispiel auf die Annahme von Einwohnern in Zentral-Celebes im östlichen Teil Indonesiens, daß die Seele den Körper verlassen kann, wenn jemand plötzlich und unerwartet erschrickt –, und dann stellt sich die Frage, ob nicht diese Glaubensvorstellungen wenigstens teilweise aus Todesnähe-Erlebnissen hervorgegangen sind, die denen sehr ähnlich sind, die ich untersucht habe.

Welche Haltung nehmen nach Ihrer Erfahrung Ärzte ein gegenüber solchen Erlebnissen?

Mit den Ärzten ist es nicht anders als mit den Pfarrern: sie bilden eine außerordentlich bunt gemischte Gruppe aus Persönlichkeiten sehr unterschiedlichen Niveaus mit allen möglichen Vorlieben und Eigenheiten. Wie erwartet, fielen ihre Reaktionen auch entsprechend unterschiedlich aus. Aber sie passen sich doch ganz gut in vier Kategorien ein, wodurch eine Antwort schon eher möglich wird.

In die erste Kategorie gehören diejenigen Ärzte, die selber ein solches Erlebnis gehabt haben. Ihre Einstellung zu diesen Erlebnissen schien sich in nichts zu unterscheiden von der jedes anderen, der über eine eigene Todesnähe-Erfahrung verfügt. Ein Punkt, auf den gleich zwei Mediziner beim Erzählen ihres eigenen Falles hingewiesen haben, lag in folgendem: so ungeheuer stark die Realität dessen, was sie erlebten, auf sie auch gewirkt hatte, so dürftig war das, was sie wissenschaftlich zu seiner Erklärung aufzubieten vermochten, die wissenschaftliche Schulmedizin besaß nicht einmal die begrifflichen Mittel zu einer einigermaßen objektiven Beschreibung der erlebten Phänomene. Als ich einen Arzt fragte, was er von seinem eigenen Ausleibigkeitserlebnis halte, bekam ich die Antwort: «Als Naturwissenschaftler müßte ich denken: so etwas gibt es nicht. Aber gegeben hat es das trotzdem!»

Eine weitere Gruppe besteht aus Ärzten, die mit mir Kontakt aufgenommen haben, weil sie mir etwas von ihren eigenen Patienten, die von solchen Erfahrungen erzählt hatten, mitteilen wollten. Etliche von ihnen hatten geäußert, sie sammelten selber derartige Aussagen, sie hätten sich darauf zunächst keinen Reim machen können und seien deshalb sehr froh darüber, daß auch noch andere auf diesem Gebiet forschen.

Eine weitere Gruppe bezieht einen religiösen Standpunkt gegenüber diesen Phänomenen. Diese Mediziner empfinden das Vorkommen solcher Todesnähe-Erlebnisse als Bestärkung ihres eigenen Glaubens an ein Weiterleben nach dem Absterben des Organismus.

In die vierte Kategorie schließlich fallen alle diejenigen Ärzte, die meinen, daß Todesnähe-Erlebnisse abgeleitet werden können aus medizinischen Erscheinungen, die wir bereits gut kennen. Diese Mediziner denken also, sie könnten auf der Basis dessen, was wir heute an wissenschaftlichen Erkenntnissen in der Physiologie und in der Psychologie besitzen, eine Erklärung für Todesnähe-Erlebnisse liefern.

Können Sie ein paar Beispiele nennen für bekannte medizinische Phänomene, die als Erklärung für derartige Erfahrungen vorgeschlagen worden sind?

Es gibt eine schier endlose Liste von Zuständen, die bekanntermaßen Erlebnisse hervorrufen können, welche so oder so an die Phänomene erinnern, von denen bei Todesbegegnungen die Rede ist. Ich habe in meinem ersten Buch *Leben nach dem Tod* bestimmte pharmakologische, physiologische, neurologische und psychologische Erklärungsversuche für Todesnähe-Erfahrungen diskutiert. Es wäre witzlos, jede dieser möglichen Erklärungen einzeln zu untersuchen. Statt dessen will ich auf die beiden Fächer in der Medizin eingehen, die am ehesten zur Erzeugung ähnlicher Phänomene geeignet erscheinen, wie sie beim Erleben der Todesnähe auftreten: ich meine die Anästhesiologie (die Wissenschaft von der Schmerzausschaltung) und die Neurologie (die Wissenschaft von den Nervenkrankheiten). Natürlich ist mir bekannt, daß solche Empfindungen wie etwa die, durch einen dunklen Tunnel oder Schacht zu fliegen, oft vorkommen in den Berichten von Personen, die eine Narkose bekommen hatten – besonders eine Äthernarkose. Trotzdem kann ich nicht glauben, daß Nebenwirkungen von Anästhetika eine gültige und vollständige Erklärung für Todesnähe-Erlebnisse darstellen, weil nämlich nur sehr wenige meiner Gewährspersonen in irgendeiner Form chemisch betäubt gewesen sind, als sie ihr Erlebnis hatten.

Genauso haben mich in den letzten Jahren viele Neurologen darauf aufmerksam gemacht, daß Todesnähe-Erfahrungen eine gewisse Ähnlichkeit mit Krampfanfällen aufweisen, besonders mit den Erscheinungen bei Schläfenlappenepilepsie. Einige Parallelen sind sehr augenfällig: 1. Patienten mit Schläfenlappenepilepsie berichten von einem «Geräusch», womit sich eine Dämmerattacke ankündigt. 2. Die Schläfenlappen des Gehirns (Lobus temporalis) spielen eine Rolle bei der Erinnerungsfunktion, und Personen, die in die Nähe des Todes geraten sind, sprechen auch einmal von ihrer panoramahaften Erinnerungsfähigkeit.

Man könnte die Liste der Parallelen noch endlos fortsetzen.

So könnte man zum Beispiel annehmen, daß das von diesen Personen berichtete intensive Licht-Erlebnis nichts anderes ist, als eine Folge von Störungen bei der Sauerstoffversorgung des Hinterhauptlappens (Lobus occipitalis), wo die Sehrinde des Gehirns liegt. Ich möchte die Aufzählung (zu der auch die in *Leben nach dem Tod*, Seite 167–170, behandelte Heautoskopie gehört) noch erweitern um die Erlebnisse, die dem großen Neurochirurgen Wilder Graves Penfield von einigen seiner Patienten berichtet worden sind. In einer berühmten Versuchsreihe hatte Penfield bei seinen Patienten während einer Gehirnoperation bestimmte Teile der Gehirnmasse mit Schwachstromimpulsen gereizt. Er entdeckte, daß dadurch sehr lebhafte Erinnerungen – eigentlich eher schon ein Nacherleben von Ereignissen aus dem eigenen Leben – in das Bewußtsein des Patienten einströmten. Auf diese Weise konnten haargenau und vollständig die Details von Ereignissen hervorgelockt werden, die Jahre zurücklagen.

Und trotzdem bin ich nach wie vor nicht davon überzeugt, daß diese bekannten neurologischen Phänomene Todesnähe-Erlebnisse «erklären» können. Nehmen wir beispielsweise den Erklärungsversuch mit den Krampfanfällen. Derartige Ansätze fußen durchweg auf der Voraussetzung, die spezifische Ursache eines Krampfanfalls sei eine «cerebrale Hypoxie», eine Unterversorgung des Gehirngewebes mit Sauerstoff. Dabei wird aber übersehen, daß alle die genannten Symptome – das Geräuschhören, die panoramahafte Erinnerung und die Begegnung mit dem Licht – auch bei Todesnähe-Erlebnissen aufgetreten sind, bei denen die Blutzufuhr zum Gehirn keine Sekunde lang unterbrochen war. Ich möchte daran erinnern, daß ich von Anfang an betont habe, daß mir auch einige Todesnähe-Erfahrungen begegnet sind, in denen es anscheinend nicht zum Sterben im klinischen Sinne gekommen war, und daß Erlebnisse dieses Typs trotzdem eine Vielzahl von Gemeinsamkeiten mit dem anderen Erlebnis-Typus aufweisen, wo der «Tod» eingetreten ist. Wer die von mir behandelten Fallgeschichten noch einmal Revue passieren läßt, wird sofort Klarheit haben über diesen Punkt.

Manch einer möchte vielleicht noch weitergehen und wird Todesnähe-Erlebnisse, bei denen die Lichtbegegnung, der Lebensrückblick und andere Phänomene auch ohne jede Einschränkung der nötigen Sauerstoffversorgung des Gehirns erlebt wurden, dadurch zu erklären versuchen, daß er in diesen Fällen den «Stress» der Begegnung mit dem Tode zur Ursache der erwähnten Vorgänge im Gehirn erklärt. Meine Meinung dazu ist: hier wird der Begriff «Stress» so weit gefaßt, daß damit fast gar nichts mehr begriffen wird. (Man muß doch sofort zurückfragen: «Was für eine *Art* von Stress soll das denn sein?»)

Nichts wäre einfacher, als Erklärungen dieser Machart in großer Zahl aneinanderzureihen. Man macht es sich aber auch viel zu leicht, wenn man eine solche Erklärung als hieb- und stichfest akzeptiert, ohne diejenigen Elemente von Todesnähe-Erfahrungen, die sich mit der vorgeschlagenen Erklärung nicht in Einklang bringen lassen, mit der gebührenden Aufmerksamkeit zu registrieren. Zum Beispiel haben mir Medizinerkollegen berichtet, sie könnten nicht verstehen, wie ihre Patienten sonst die Einzelheiten des Reanimationsverfahrens so genau zu beschreiben wüßten, wenn sie nicht tatsächlich direkt unter der Zimmerdecke geschwebt hätten. Zahlreiche Personen haben mir erzählt, daß sie nach dem Verlassen ihrer sterblichen Hülle beim «Sterben» auch räumlich entfernte Geschehnisse miterlebt hätten – sogar solche außerhalb des Krankenhauskomplexes –, die später durch die Aussagen neutraler Augenzeugen bestätigt wurden. Ich meine, wir sollten uns zumindest offenhalten für die denkbare Möglichkeit, daß solche vorerst noch ungesicherten Bestätigungen eines Tages im Experiment unter kontrollierten Bedingungen erzielt werden könnten.

Zum Schluß möchte ich auf meine Beobachtung verweisen, daß derlei Erklärungsversuche gar keinen Eindruck machen auf Menschen, die selber dieses Erlebnis kennengelernt haben. Ein junger Mann, der dem «Tod» gerade noch einmal entrissen werden konnte, meinte dazu: «Komisch. Ist schon ein Ding, daß so was eigentlich unmöglich existieren kann, und trotzdem weiß man ohne den geringsten Zweifel, daß es das doch gibt. Ich kenne natürlich eine Menge Leute, die das nie glauben . . . Ein paar werden sogar mit Beweisen ankommen, daß es wissenschaftlich so etwas gar nicht geben kann . . . Aber wissen Sie was? Das würde nicht das geringste ändern. So wahr ich hier jetzt sitze – wenn ich heute tot umfallen würde, dann würde dieselbe Sache noch einmal dasein, nur daß ich sie diesmal viel besser beobachten könnte. Sollen die doch ruhig sagen: das gibt's nicht, sollen sie doch schwören, daß es das nicht gibt, sollen sie mir doch wissenschaftlich beweisen, daß es das nicht gibt . . . ich kann nicht mehr sagen als: ‹Ich weiß schon selber, wo ich gewesen bin.›»

Welche Einstellung haben Sie persönlich zu dieser Forschung? Ist dadurch ihr Leben in irgendeiner Weise betroffen worden?

Ich habe die Erfahrung gemacht, daß ich laut und deutlich darauf hinweisen kann, ich hätte *nicht* versucht, die Existenz eines Lebens nach dem Tode zu beweisen, und daß ich noch so sehr definieren und differenzieren kann – es nützt nichts, einige Menschen, mit denen ich spreche, sind damit immer noch nicht zufrieden. Sie wollen wissen, wie ich, der Mitmensch Raymond Moody, darüber denke. Ich halte diese Frage für legitim, solange man sich klar bewußt bleibt, daß es sich hierbei um eine psychologische Frage handelt und nicht um eine Angelegenheit, die mit den Mitteln der Logik entschieden werden könnte und die ich nun jemand anderem aufzwingen wollte. Meine folgenden Bemerkungen richten sich an diejenigen Leser, die sich für solche privaten Details interessieren.

Ich bin dahin gekommen, es als einen Gegenstand des Glaubens zu akzeptieren, daß es ein Leben nach dem Tode gibt. Und ich bin davon überzeugt, daß das von uns erforschte Phänomen eine Manifestation jenes Lebens ist.

Gleichwohl bin ich weit davon entfernt, vom Gedanken an den Tod besessen zu sein: Ich will leben! Die Menschen, mit denen ich gesprochen habe, wollen das auch. Gerade weil sie dieses Erlebnis hinter sich haben, richtet sich ihr Hauptinteresse auf das Leben im Diesseits. Denn jetzt stehen wir alle noch mitten in diesem Leben. Gleichzeitig wünsche ich mir die Fähigkeit, das, was ich bei meiner Arbeit gelernt habe, in meinem Leben auch anzuwenden. So gut ich kann, möchte ich mich immer weiterentwickeln auf dem Gebiet der Nächstenliebe, der Wissensvermehrung und der Zunahme an Weisheit.

Und dann liegt mir eine Sache besonders am Herzen: Todesnähe-Erfahrungen dürfen nicht als Vorwand mißbraucht werden zur Begründung einer neuen Sekte oder eines Personenkults. Gerade dieses Phänomen darf nicht mit einem einzelnen verquickt werden, weder mit mir noch mit jemand anders, der daran mitgearbeitet hat. Die Todesnähe-Erfahrung ist sehr weit verbreitet, und deshalb bedarf es möglichst vieler verschiedener Standpunkte, um das facettenreiche Problem möglichst von allen Seiten ins Auge zu fassen.

Und noch ein letztes: Mir ist erst vor kurzem klargeworden, daß meine lange Beschäftigung mit diesem Forschungsbereich dazu geführt hat, daß mir in einer Hinsicht eine Sonderrolle zugefallen ist: Ein hoher Prozentsatz meiner Freunde ist schon einmal «tot» gewesen! Durch viele Gespräche mit so vielen Menschen ist mir bewußt geworden, wie nahe wir alle dem Tode sind mitten im täglichen Leben. Heute liegt mir mehr daran als je zuvor, jeden Menschen, den ich liebe, wissen zu lassen, was ich für ihn fühle.

Epilog

Im siebenten Buch seines Werkes über den Staat (*Politeia VII*, 514a–517a) hat der griechische Philosoph Platon, der von 428 bis 348 v. Chr. in Athen lebte, eine schöne und tiefsinnige Allegorie geschrieben, die als das Höhlengleichnis berühmt wurde. Das Ganze ist in Form eines Dialoges zwischen Platons altem Lehrer Sokrates und einem gewissen Glaukon dargestellt. Ich zitiere nun diese bedeutungsvolle Parabel ohne zusätzliche Erklärungen. Die Bedeutung wird von selbst klar.

Sokrates sagt zu Glaukon: «Sieh nämlich Menschen in einer unterirdischen, höhlenartigen Wohnung, die einen gegen das Licht geöffneten Zugang längs der ganzen Höhle hat. In dieser seien sie von Kindheit an gefesselt an Hals und Schenkeln, so daß sie auf demselben Fleck bleiben und auch nur nach vorne hin sehen, den Kopf aber herumzudrehen der Fessel wegen nicht vermögend sind. Licht aber haben sie von einem Feuer, welches von oben und von ferne her hinter ihnen brennt. Zwischen dem Feuer und den Gefangenen geht obenher ein Weg, längs diesem sieh eine Mauer aufgeführt wie die Schranken, welche die Gaukler vor den Zuschauern sich erbauen, über welche herüber sie ihre Kunststücke zeigen.»

«Ich sehe», sagte Glaukon.

«Sieh nun», fuhr Sokrates fort, «längs dieser Mauer Menschen allerlei Geräte tragen, die über die Mauer herüberragen, und Bildsäulen und andere steinerne und hölzerne Bilder und von allerlei Arbeit; einige, wie natürlich, reden dabei, andere schweigen.»

«Ein gar wunderliches Bild», sprach Glaukon, «stellst du dar und wunderliche Gefangene.»

«Und ganz ähnliche», entgegnete Sokrates. «Denn zuerst, meinst du wohl, daß dergleichen Menschen von sich selbst und voneinander je etwas anderes gesehen haben als die Schatten, welche das Feuer auf die ihnen gegenüberstehende Wand der Höhle wirft?»

«Wie sollten sie», sprach Glaukon, «wenn sie gezwungen sind, zeitlebens den Kopf unbeweglich zu halten!»

«Und von dem Vorübergetragenen nicht eben dieses?» fragte Sokrates weiter.

«Was sonst?» gab Glaukon zur Antwort.

«Wenn sie nun miteinander reden könnten, glaubst du nicht, daß sie nicht auch pflegen würden, dieses Vorhandene zu benennen, was sie sähen?»

Glaukon darauf: «Notwendig.»

«Und wie», fuhr Sokrates fort, «wenn ihr Kerker auch einen Widerhall hätte von drüben her, meinst du, wenn einer von den Vorübergehenden spräche, sie würden denken, etwas anderes rede als der eben vorübergehende Schatten?»

«Nein, beim Zeus», sagte Glaukon.

«Auf keine Weise also können diese irgend etwas anderes

für das Wahre halten als die Schatten jener Kunstwerke?»

Glaukons Antwort: «Ganz unmöglich.»

«Nun betrachte auch», sprach Sokrates, «die Lösung und Heilung von ihren Banden und ihrem Unverstande, wie es damit natürlich stehen würde, wenn ihnen folgendes begegnen würde. Wenn einer entfesselt wäre und gezwungen würde, sogleich aufzustehen, den Hals herumzudrehen, zu gehen und gegen das Licht zu sehn, und, indem er das täte, immer Schmerzen hätte und wegen des flimmernden Glanzes nicht recht vermöchte, jene Dinge zu erkennen, wovon er vorher die Schatten sah: was, meinst du wohl, würde er sagen, wenn ihm einer versicherte, damals habe er lauter Nichtiges gesehen, jetzt aber, dem Seienden näher und zu dem mehr Seienden gewendet, sähe er richtiger, und, ihm jedes Vorübergehende zeigend, ihn fragte und zu antworten zwänge, was es sei? Meinst du nicht, er werde ganz verwirrt sein und glauben, was er damals gesehen, sei doch wirklicher als was ihm jetzt gezeigt werde?»

«Bei weitem», antwortete Glaukon.

«Und wenn man ihn gar in das Licht selbst zu sehen nötigte, würden ihm wohl die Augen schmerzen, und er würde fliehen und zu jenem zurückkehren, was er anzusehen imstande ist, fest überzeugt, dies sei in der Tat deutlicher als das zuvor Gezeigte?»

Glaukon: «Allerdings.»

«Und», sprach Sokrates, «wenn ihn einer mit Gewalt von dort durch den unwegsamen und steilen Aufgang schleppte und nicht losließe, bis er ihn an das Licht der Sonne gebracht hätte, wird er nicht viel Schmerzen haben und sich gar ungern schleppen lassen? Und wenn er nun an das Licht kommt und die Augen voll Strahlen hat, wird er nicht das geringste sehen können von dem, was ihm nun für das Wahre gegeben wird.»

«Freilich nicht», bestätigte Glaukon, «wenigstens nicht sogleich.»

«Gewöhnung also, meine ich, wird er nötig haben, um das Obere zu sehen. Und zuerst würde er Schatten am leichtesten erkennen, hernach die Bilder der Menschen und der andern Dinge im Wasser, und dann erst sie selbst. Und hierauf würde er was am Himmel ist und den Himmel selbst leichter bei Nacht betrachten und in das Mond- und Sternenlicht sehen als bei Tag in die Sonne und in ihr Licht.»

Das bejahte Glaukon: «Wie sollte er nicht!»

«Zuletzt aber denke ich, wird er auch die Sonne selbst, nicht Bilder von ihr im Wasser oder anderwärts, sondern sie als sie selbst an ihrer eigenen Stelle anzusehen und zu betrachten imstande sein.»

«Notwendig», pflichtete Glaukon bei.

«Und dann wird er schon herausbringen von ihr, daß sie es ist, die alle Zeiten und Jahre schafft und alles ordnet in dem sichtbaren Raume und auch von dem, was sie dort sahen, gewissermaßen die Ursache ist.»

«Offenbar», sagte er, «würde er nach jenem auch hierzu kommen.»

Woraufhin Sokrates fortfuhr: «Und wie, wenn er nun seiner ersten Wohnung gedenkt und der dortigen Weisheit und der damaligen Mitgefangenen, meinst du nicht, er werde sich selbst glücklich preisen über die Veränderung, jene aber beklagen?»

«Ganz gewiß.»

«Und wenn sie dort unter sich Ehre, Lob und Belohnungen

für den bestimmt hatten, der das Vorüberziehende am schärfsten sah und am besten behielt, was zuerst zu kommen pflegte und was zuletzt und was zugleich, und daher also am besten vorhersagen konnte, was nun erscheinen werde: glaubst du, es werde ihn danach noch groß verlangen und er werde die bei jenen Geehrten und Machthabenden beneiden? Oder wird ihm das Homerische begegnen und er viel lieber wollen ‹das Feld als Tagelöhner bestellen einem dürftigen Mann› und lieber alles über sich ergehen lassen, als wieder solche Vorstellungen zu haben wie dort und so zu leben?»

Da erwiderte Glaukon: «So, denke ich, wird er sich alles eher gefallen lassen, als so zu leben.»

«Auch das bedenke noch», sprach Sokrates. «Wenn ein solcher nun wieder hinunterstiege und sich auf denselben Schemel setzte: würden ihm die Augen nicht ganz voll Dunkelheit sein, da er so plötzlich von der Sonne herkommt?»

«Ganz gewiß.»

«Und wenn er wieder in der Begutachtung jener Schatten wetteifern sollte mit denen, die immer dort gefangen gewesen, während es ihm noch vor den Augen flimmert, ehe er sie wieder dazu einrichtet, und das möchte keine kleine Zeit seines Aufenthalts dauern, würde man ihn nicht auslachen und von ihm sagen, er sei mit verdorbenen Augen von oben zurückgekommen und es lohne sich nicht, daß man auch nur versuche hinaufzukommen; sondern man müsse jeden, der sie lösen und hinaufbringen wollte, wenn man seiner nur habhaft werden und ihn umbringen könnte, auch wirklich umbringen?»

Die Antwort des Glaukon war: «So sprächen sie ganz gewiß.»

Anhang

Überlegungen zur Methode

Ich habe zahlreiche methodologische Anfragen von Leuten bekommen, die sich für die weitere Erforschung der Todesnähe-Phänomene interessieren. Außerdem habe ich selber viel über Methodenfragen nachgedacht, weil mich Logik und wissenschaftliche Methodik schon immer interessiert haben. Ich habe herausgefunden, daß diese Probleme ganz allgemein in vier Komplexe gegliedert sind: Klassifikation, Interviewtechniken, wissenschaftliche Methodik und Vorschläge für zukünftige Forschungsarbeit auf diesem Gebiet. Einige meiner Gedanken zu diesen Dingen möchte ich jetzt gern mitteilen. Hoffentlich sind sie von einigem Nutzen für jemanden, der selber eine Todesnähe-Studie ausarbeiten will, oder auch für Leser mit wissenschaftlichen oder logischen Neigungen, die dann speziellen Fragen nachgehen können gemäß diesen Grundsätzen.

I. Klassifikation

Wie gesagt: beileibe nicht jeder, der seinem Tod ganz nahe gekommen ist, erzählt auch von einem irgendwie gearteten

Sterbeerlebnis. Viele geben an, sie könnten sich an überhaupt nichts dergleichen erinnern. Einige Patienten erleiden sogar ihren scheinbaren klinischen Tod und kommen dann doch zurück und wissen nichts davon, ob sie während ihres «Totseins» nun eigentlich bewußte Erfahrungen gemacht haben oder nicht. Auf der anderen Seite (und auch darüber habe ich schon gesprochen) haben Menschen von sich erzählt, sie hätten Erlebnisse der von mir beschriebenen Art gehabt, obwohl sie ihrer Meinung nach gar nicht in Todesnähe geschwebt haben oder auch nur krank gewesen wären. Ferner haben die Erlebnisse, mit denen ich mich beschäftigt habe, unter höchst unterschiedlichen Bedingungen stattgefunden, je nachdem, wie groß die «Nähe» zum Tod (wenn ich das etwas vage so nennen darf) gewesen ist.

Solche Faktoren mögen schon einige Unklarheit in die Terminologie hineintragen, die wir bei der Diskussion solcher Berichte verwenden. Darum möchte ich einige Definitionen vorschlagen und eine Klassifikation aufstellen, wodurch vielleicht etwas mehr Licht in die Sache kommt.

Definieren kann man zunächst einmal ein «Todesnähe-Erlebnis» als jede bewußt wahrgenommene Erfahrung im Verlaufe einer Todesnähe-Begegnung. Eine «Todesnähe-Begegnung» kann wiederum definiert werden als ein Geschehnis, bei dem eine Person ohne weiteres sterben könnte oder getötet würde (und diesem Extrem auch so nahekommt, daß sie im klinischen Sinne für tot gehalten und erklärt wird), aber trotzdem überlebt und ihr physisches Dasein fortsetzt.

Eine Klassifizierung von «Todesnähe-Erlebnissen» könnte meines Erachtens aus einer Auflistung der gemeinsamen Motivelemente abgeleitet werden, wie ich sie in meinem ersten Buch vorgelegt habe.

«Todesnähe-Begegnungen» können ganz grob in die folgenden Situationsklassen eingeteilt werden.

A. Eine Person gerät in eine Situation, in der sie sehr leicht getötet werden oder sterben könnte, obwohl sie am Ende doch unverletzt daraus hervorgeht. Sie berichtet, sie habe seinerzeit subjektiv das sichere Gefühl gehabt, in Kürze tot zu sein. Wider Erwarten übersteht sie jedoch die Krise unversehrt.

B. Jemand ist schwer krank oder verletzt, und zwar in einem so hohen Grade, daß seine Ärzte ihm keine Überlebenschance mehr einräumen. Nichtsdestoweniger erleidet der Betreffende nicht einmal einen Scheintodzustand, sondern erholt sich sogar langsam wieder.

C. Ein Patient ist schwer krank oder lebensgefährlich verletzt, und irgendwann treffen einige Erkennungsmerkmale für klinischen Tod auf seinen Zustand zu. Zum Beispiel kann sein Herz versagen oder die Atmung ausfallen. Seine Ärzte können meinen, er sei tot. Aber dann werden sofort Wiederbelebungsmaßnahmen eingeleitet, und eine eigentliche Toterklärung wird über ihn nicht ausgesprochen. Die Reanimation gelingt, und der Patient lebt.

D. Ein Mensch ist schwer krank oder lebensgefährlich verletzt und weist (wie oben bei C) irgendwann einige Kennzeichen für klinischen Tod auf. Eine Wiederbelebung wird eingeleitet, scheint aber zu keinem Erfolg zu führen, so daß man sie abbricht. Die behandelnden Ärzte sind der Ansicht, daß dieser Mensch tot ist, und irgendwann wird er auch ausdrücklich für tot erklärt. Möglicherweise wird sogar die Todesurkunde schon ausgefüllt. Später wird dann trotzdem, obwohl er ausdrücklich für tot erklärt worden war, das Wiederbelebungsverfahren aus irgendeinem Grunde noch einmal in Gang gesetzt – und glückt: der Mensch lebt wieder.

E. Eine Person ist schwer erkrankt oder hat lebensgefährliche Verletzungen und weist zu einem bestimmten Zeitpunkt einige Merkmale für klinischen Tod auf. Wiederbelebungsmaßnahmen werden nicht mehr eingeleitet, weil der Fall hoffnungslos erscheint. Die Ärzte glauben, der Patient sei tot, und erklären ihn auch irgendwann amtlich für tot. Vielleicht wird auch der Totenschein schon ausgestellt. Trotzdem beginnt man zu einem späteren Zeitpunkt, auch *nach* der ausdrücklichen Feststellung des Todes, mit der Wiederbelebung und kann den Patienten doch noch retten.

F. Ein Patient ist schwer krank oder hat große Verletzungen und weist zu einem bestimmten Zeitpunkt einige Merkmale für klinischen Tod auf. Wiederbelebungsmaßnahmen werden eingeleitet oder unterlassen. Wenn doch damit begonnen wird, bricht man sie aber schließlich ab, und der Patient wird für tot gehalten und erklärt. Zu einem späteren Zeitpunkt jedoch spielt er den Ärzten einen Streich: «er berappelt sich wieder», und zwar spontan, ohne die Anwendung von Wiederbelebungsmaßnahmen.

In meiner Fallsammlung finden sich Beispiele für Todesnähe-Erlebnisse, die im Zusammenhang mit jedem der oben aufgeführten Typen von Todesnähe-Begegnungen aufgetreten sind, mit Ausnahme der letzten Kategorie F. Das heißt, keine meiner Gewährspersonen, die mir über ihr Erlebnis berichtet hat, erfuhr dieses Erlebnis während eines «Todes», aus dem sie spontan wieder zum Leben erwacht ist. Immerhin scheinen spontane «Erweckungen» dieser Art tatsächlich manchmal vorzukommen. Ich habe mit jemandem gesprochen, der von sich aus «aufgewacht» ist, nachdem er für tot gehalten worden war, wenn er sich auch nicht erinnern kann, in der Zwischenzeit irgend etwas erlebt zu haben.

Nun fragen vielleicht manche, ob nicht das Fehlen von «Spontanerholungsfällen» in meiner Sammlung bedeutet, daß Todesnähe-Erlebnisse bloße Artefakte sind, also künstlich hervorgerufene Nebenwirkungen bestimmter Reanimationstechniken. Hiernach wären Todesnähe-Erlebnisse etwas, was durch Wirkung der angewandten Maßnahmen auf das Gehirn oder den Körper irgendwie ausgelöst wird. Mich kann das nicht überzeugen aus dem einfachen Grunde, daß es zu Todesnähe-Erlebnissen sowohl bei Typ A als auch bei Typ B der Todesnähe-Begegnungen gekommen ist, in welchen Fällen eben *keine* Wiederbelebungsversuche unternommen worden sind.

Bei den Beschreibungen der Typen D und E erhebt sich die Frage, warum Wiederbelebungsmaßnahmen angefangen oder erneut angefangen werden, nachdem der Patient bereits für tot erklärt worden ist. Die Gründe dafür sind unterschiedlich in den von mir gesammelten Fallgeschichten, die in diese Kategorien gehören. In einem Fall wurde zum Beispiel beobachtet, daß der Finger des Patienten noch zuckte mehrere Minuten nach der Feststellung seines Todes. Man fing sofort mit der Wiederbelebung an, und der Patient konnte gerettet werden. In einem anderen Fall hatte der behandelnde Arzt seinen Versuch abgebrochen und die Schwester gebeten: «Tragen Sie bitte drei Uhr fünfzehn auf dem Totenschein ein, ich unterschreibe ihn dann später.» Kurze Zeit darauf wurde ihm bewußt, daß er einfach nicht fähig sein würde, den Schmerz des kleinen Sohnes und der Frau dieses Patienten mitanzusehen, denn er kannte die Familie persönlich. Er fühlte sich verpflichtet, doch noch einen allerletzten Versuch zu machen. Das tat er dann auch, und nach einem langen, verzweifelten Kampf um das Leben des Patienten kam tatsächlich die große Wende: der Mann «kam wieder zurück». In noch einem anderen Fall war es die Krankenschwester im Operationssaal, die mit aller ihrer Überzeugungskraft den Doktor doch noch dazu bewegen konnte, einen weiteren Versuch zu unternehmen. Er tat's, und diesmal klappte es!

Zu den Kategorien A bis E möchte ich folgendes bemerken. Generell habe ich den Eindruck, daß es eine Steigerung dessen gibt, was man die «Tiefe» oder die «Vollständigkeit» der jeweiligen Todesnähe-Erlebnisse nennen könnte, wenn man von Kategorie A nach Kategorie E der Todesnähe-Begegnungen fortschreitet. Zum Beispiel berichtet eine Person, die während einer Begegnung vom Typ A zu ihrem Erlebnis gekommen war, üblicherweise nur von dem Aufscheinen ihrer Lebensgeschichte vor ihren Augen oder nur von einem kurzen Austritt aus ihrem Körper, wohingegen diejenigen, die näher und näher an den Tod herangekommen waren, auch von entsprechend mehr der beschriebenen Erlebniselemente zu berichten haben. Die frischesten und vollständigsten Erlebnisse, von denen ich gehört habe, kamen in Verbindung mit D- und E-Begegnungen zustande.

Anderseits dürfen zwei Dinge nicht übersehen werden:

1. Soweit ich die Sache überblicke, handelt es sich hierbei *nicht* um eine *notwendige* Korrelation, auch in meiner eigenen Fallsammlung nicht. Denn mir sind Personen begegnet, die faktisch für tot gehalten und dann doch wiederbelebt wurden, aber nur ganz wenige oder gar keine Erlebniselemente zu berichten wußten. Ich kenne aber auch umgekehrt solche Menschen, die wesentlich vollständigere Erlebnisse hatten, obwohl sie «nur» Begegnungen vom Typ A oder B mitgemacht haben.

2. Die Feststellung allgemeiner Korrelationen zwischen der Begegnungs-Kategorie und der Erlebnis-«Tiefe» ist nur möglich auf Grund exakter wissenschaftlicher Untersuchungen, wie ich sie selber noch nicht anstellen konnte, die ich aber weiter hinten in diesem Anhang etwas genauer umschreiben werde.

II. Interviewtechniken

Man kann die Behauptung aufstellen (und dafür gäbe es schon gewichtige Gründe), daß das Vorgehen beim Interviewen an sich ein notorisch unzuverlässiges Verfahren zur Gewinnung wissenschaftlicher Ergebnisse ist. So überrascht es nicht, daß ich oft von interessierter medizinischer Seite gefragt werde: «Wie gehen Sie dabei vor, wenn Sie diese Leute interviewen?»

Im nachhinein wurde mir klar, daß diese Frage mehrdeutig ist. Sie hat zumindest zwei unterschiedliche Bedeutungen, die ich beide jetzt diskutieren möchte. Die erste Bedeutung lautet: «Könnte es nicht möglich sein, daß Sie nur die passenden Fragen zu stellen brauchten, und schon hatten Sie selbst diese Geschichten in die Köpfe der Menschen hineingepflanzt?»

In dieser Formulierung berührt die Frage einen sehr wesentlichen und interessanten Punkt. In der Tat: oft werden bestimmte Antworten durch bestimmte Fragen suggeriert. Vielleicht bedeutet es eine Hilfe bei der genaueren Durchdringung dieses Problems, wenn ich zunächst einige Bemerkungen anfüge über das Wesen der Frage allgemein. Fragen sind ja tatsächlich sprachliche Gebilde mit sehr komplexen Funktionen. Wahrscheinlich ist es unmöglich, eine Frage zu finden, in der nicht die geringste Behauptungskomponente enthalten ist, d. h. in jeder Frageformulierung steckt auch immer ein Rest von «Informationsübertragung» vom Frager auf sein Gegenüber, sei diese Information nun explizit in der gesprochenen Formulierung enthalten, sei sie implizit in dem Zusammenhang verborgen, in dem die Frage gestellt wird.

Daraus ergibt sich folgendes: Von einem bestimmten Standpunkt aus betrachtet, ist die Technik des Interviews wissenschaftlich anfechtbar. Da jedes Interview eine Befragung ist und da jede Befragung auf Fragen angewiesen ist und da jede Frage auch eine Informationsübertragung darstellt, wird man theoretisch immer mit dem Problem zu tun haben, ob nicht die anscheinend von dem Befragten vorgebrachte Information in Wahrheit vom Interviewer stammt, der sie mit seinen Fragen oder anderswie hervorruft.

Da ich mich sehr stark für Logik und Methodologie im allgemeinen interessiere, neigte ich anfangs lange dazu, die ursprünglich mehrdeutige Frage in dem Sinne zu verstehen und zu beantworten, den ich hier zuerst diskutiert habe. Aber manchmal schien meine Antwort irgendwie unbefriedigend zu bleiben für den jungen Medizinstudenten oder fertigen Doktor, der mir diese Frage gestellt hatte. Wenn ich darüber nachdenke und mir vor Augen halte, daß bekanntlich viele in der Medizin Tätige ihrerseits einen hohen Angstpegel gegenüber dem Thema Tod haben, dann geht mir auf, daß wahrscheinlich einige mir eigentlich eine ganz andere Frage stellen wollten, nämlich diese: «Wie konnten Sie bloß so eine *obszöne* Sache aufs Tapet bringen und mit einem Patienten seinen eigenen Todesfall besprechen?»

Die ursprüngliche Frage kann also in wenigstens zwei verschiedene Fragen zerlegt werden, wovon die erste eher in eine rein logische Richtung weist und die zweite eher in eine emotionale. Meine Interviewtechnik habe ich unter Berücksichtigung dieser beiden Aspekte entwickelt.

Dazu folgendes: Als ich mit meiner Forschungsarbeit anfing, war das etwas, was offenbar erst ganz wenige vor mir in Angriff genommen hatten. Folglich gab es auch noch kein Lehrbuch über das Interview mit Personen, die von den Toten zurückgekehrt waren. Ich war also allein auf meine Erfahrung angewiesen (und daraus lerne ich auch heute noch das meiste), wenn ich mir auch einige sehr allgemeine Regeln und Richtlinien gegeben habe. Ich erwarte und hoffe ernstlich, daß sie von anderen Forschern modifiziert und ergänzt werden.

Die erste «Regel» lautet ganz schlicht: einfühlsam sein. Die Menschen entziehen sich gern einem Gespräch über diese Dinge, weil sie fürchten, von anderen ausgelacht zu werden und als unglaubwürdig zu gelten. Ich bin sicher, ich hätte gar nichts erreicht, wenn ich den Menschen in aggressiver Weise mit bohrenden Fragen entgegengetreten wäre und sie ständig auf Widersprüche in ihren Aussagen festgenagelt hätte und so weiter.

Zweitens: Wenn man ein Unbehagen fühlt, mit anderen über ihre Sterbeerlebnisse zu sprechen, dann denke man daran, daß sich darin sehr wohl auch die eigene Angst vor dem Tode ausdrücken könnte. Mir ist aufgefallen, daß Menschen nach einer eigenen Todesnähe-Erfahrung nur selten dieses schauervolle Grauen vor dem Tod kennen, das so viele von uns empfinden.

Drittens: In Anbetracht der oben erwähnten inneren Problematik des Fragens an sich halte ich es für das beste, was man tun kann, seine Fragen so zu formulieren, daß ihr Aufforderungscharakter möglichst klar hervortritt, während die informationsvermittelnde Komponente soweit wie möglich unwirksam zu machen ist. Beginnen sollte man ein Interview mit offenen Fragen, also mit solchen, die keine Antwortvorgaben enthalten. Die spezifischeren Fragen sollte man erst zu einem späteren Zeitpunkt vorbringen.

Ich fange immer mit einer möglichst neutralen Frage an, zum Beispiel so: «Möchten Sie mir erzählen, was mit Ihnen geschehen ist?» In ein paar Fällen hatte ich stark überfrachtete Fragen gestellt. Der Grund dafür war, daß die zu interviewenden Personen noch im Krankenhaus lagen und sich erholen sollten von der Erkrankung, die zu ihrem «Tod» geführt hatte. Sie hatten starke Schmerzen, und trotzdem hatten sie das Verlangen, sich auszusprechen. Ich habe sie ein bißchen gedrängt, muß ich zugeben, weil ich vor allem fertig werden wollte mit dem Interview, und zwar so schnell wie möglich, so daß die Patienten sich wieder ausruhen konnten. In diesen Fällen habe ich direkt danach gefragt, ob bestimmte Elemente der voll ausgereiften Todesnähe-Erfahrung in ihren Erlebnissen vorgekommen sind. Und wenn sie sich nicht daran erinnern konnten, dann sagten sie mir das auch. Dies hat mich nun wiederum in meinem Vorgehen bestärkt.

III. Wissenschaftliche Methodik

Eine Schwierigkeit bei der Bewertung von Aussagen über Todesnähe-Erlebnisse als Beweis für ein Weiterleben nach dem Tode liegt in der Tatsache, daß diese Aussagen anekdotischen Charakter haben. Die wissenschaftliche Methodik läßt individuelle Zeugenaussagen nur sehr eingeschränkt als Beweise gelten. Dafür gibt es zumindest drei triftige Gründe:

1. Manchmal lügen die Menschen.
2. Manchmal fehlerinnern sich die Menschen oder sie mißdeuten das, was mit ihnen geschieht.
3. Manchmal haben die Menschen Halluzinationen oder Wahnvorstellungen, besonders wenn sie unter Stress stehen.

In der Tat: wenn man die allgemeine Unzuverlässigkeit jeder Berichterstattung von Menschen bedenkt, dann könnte man sogar behaupten, Berichte wie die von mir gesammelten seien vollkommen wertlos.

Als Gegengewicht müssen hier jedoch unbedingt ein paar kritische Überlegungen angestellt werden. Erstens ist es in der Geschichte schon häufig vorgekommen, daß die Wissenschaft auf den Holzweg kam, weil sie nicht sorgfältig genug auf Zeugenaussagen achtgeben wollte. So wurde zum Beispiel bis ins neunzehnte Jahrhundert hinein die Möglichkeit von Meteoriten (also von Steinbrocken, die aus dem Weltraum auf die Erde fallen) wissenschaftlich verneint und für Unsinn erklärt. Aber im Volk lebten die Erzählungen über Steine, die vom Himmel fallen, weiter, ungeachtet der streng wissenschaftlich untermauerten Beteuerung, das dies unmöglich sei. (Die Fachwelt gab als Begründung an, Steine könnten gar nicht vom Himmel herabfallen, weil es im Himmel gar keine gebe, die herabfallen könnten.) Bis dann eines Tages zwei Professoren der Universität Princeton selber den Einschlag eines Meteoriten miterlebten und Bruchstücke davon zur genauen Untersuchung in ihr College mitbrachten.

Die Ablehnung von Zeugenaussagen als Beweismaterial ist demnach generell ein zweischneidiges Schwert. Angenommen es stimmt, daß wir, eben weil die Menschen oft lügen, etwas falsch verstehen usw., Fehler vermeiden können, indem wir Zeugenaussagen als Beweis nicht gelten lassen. Dann muß die umgekehrte Behauptung aber genauso richtig sein: Eben weil die Menschen oft die Wahrheit sagen und etwas richtig verstehen, könnten wir die Wahrheit verfehlen, indem wir uns weigern, ihnen auch nur zuzuhören.

Außerdem kommt es gelegentlich vor, daß wir bei bestimmten Fragestellungen zu einem bestimmten Zeitpunkt einfach nichts anderes haben als mündliche Zeugnisse. Selbstverständlich bedeuten die Berichte von Personen, die dem Tod sehr nahe gekommen sind, noch keinen Beweis oder auch nur Befund für das, was sich im Grenzbereich zwischen Leben und Tod abspielt. Da wir aber nun einmal wißbegierige

Wesen sind, bleibt uns wohl nichts anderes übrig, als diejenigen, die bis an die Peripherie des Todes vorgedrungen sind, danach auszufragen. Und wenn sich dann, wie in unserem Falle, herausstellt, daß voneinander unabhängige Aussagen sehr gut übereinstimmen, dann dürfen wir mit guten Gründen dieser Tatsache einige Bedeutung beimessen, obwohl sie noch keinen Beweis darstellt.

Schließlich darf uns die Tatsache, daß ein weitverbreitetes Phänomen nicht so recht in den Rahmen der heute anerkannten wissenschaftlichen Methodik und Systematik passen will, nicht dazu verleiten, die ganze Sache einfach zu negieren. Zu wünschen wäre vielmehr, daß dieser Umstand uns dazu herausfordert, es mit neuen Ideen und neuen Forschungsmethoden erneut zu versuchen – nämlich solchen, die nicht im Widerspruch stehen zu dem, was wir schon kennen, sondern eher darauf aufbauen und darüber hinausgehen.

Ich habe von Anfang an gesagt, daß meine Arbeit keine streng wissenschaftliche Unternehmung ist, und dies aus mehreren Gründen. Einer ist, daß die Stichprobe von Individuen, die ich untersucht habe, keine Zufallsstichprobe ist, sondern daß außer dem Zufall noch eine Reihe anderer Faktoren bei der Selektion mitgewirkt hat. Ein anderer ist, daß meine Studie, wie gesagt, auf anekdotischen Zeugenaussagen beruht, die wissenschaftlich keine verläßliche Beweisgrundlage bilden können.

Einige dieser Faktoren kann man ausschalten; sie entspringen der Begrenztheit meiner Zeit und meiner Mittel. Jedoch ergeben sich andere Probleme aus der Sache selbst, die hier erforscht werden soll, und diese inhärenten Probleme machen es extrem schwierig, wenn nicht gar unmöglich, eine im wissenschaftlichen Sinne einwandfreie Untersuchung unter entsprechend streng kontrollierten Bedingungen durchzuführen. Diese Probleme sind sowohl ethischer als auch verfahrensmäßiger Natur. Es ist ja doch völlig klar, daß wir keine statistisch signifikante Anzahl von Personen in den Zustand des klinischen Totseins versetzen können, nur um dadurch in der Lage zu sein, ihre Eindrücke nach einer hoffentlich gelingenden Wiederbelebung zu sammeln!

Die konkreten Situationen, die bei solchen Dingen im Krankenhaus entstehen, sind keine kontrollierten Experimentierfelder, sondern eben medizinische Krisensituationen. In solchen Notfällen ist es die erste und einzige Pflicht für Arzt und Personal, den Patienten zu behandeln und sein Leben zu retten. Es ist dann nicht ihre Aufgabe, Experimente über den Charakter oder die Validität von Todesnähe-Erfahrungen zu veranstalten.

Es sieht so aus, als ob es in diesem Fall nur *ein* ethisch ganz klar erlaubtes Verfahren gibt: nämlich die Daten erst nach dem Eintritt des Ereignisses zu erheben. Daten, d. h. verwertungsfähige Informationen, fallen im Verlauf von Reanimationsversuchen oft nebenher ab, also nicht infolge eines planmäßigen Handelns zur Datengewinnung für Forschungszwecke, sondern eher als die Sekundärprodukte von diagnostisch-therapeutischen Maßnahmen. Zum Beispiel wird sich oft aus dem Krankenblatt ergeben, warum ein Patient «gestorben» ist oder dem Tode sehr nahe kam, wie lange er sich in diesem Zustand befunden hat, wie er aus ihm wieder herausgeholt worden ist, was seine ersten Reaktionen darauf waren, welche Medikamente ihm verordnet wurden usw. «Härtere» Daten können in der Form von EEG- oder EKG-Kurven existieren, als Fieberkurve oder Blutdrucktabelle, als Ergebnis von Labortests vor oder nach der Krise und so weiter. Es ist vorstellbar, daß Fortschritte im Wiederbelebungsverfahren oder im Bereich der medizinischen Technik derartige Daten noch zuverlässiger und noch zugänglicher werden lassen in naher Zukunft.

IV. Vorschläge für künftige Forschungsarbeiten

Angenommen, Daten der eben beschriebenen oder auch noch anderer Art stünden ausreichend zur Verfügung: Wie könnten dann Forschungsarbeiten über Todesnähe-Erlebnisse aussehen? Eine Möglichkeit wäre die Bildung einer interdisziplinären Forschungsgruppe, in der interessierte Vertreter aus verschiedenen Disziplinen zusammenarbeiten. In Frage kommen dafür etwa die Fachgebiete Medizin, Physiologie, Pharmakologie, Philosophie, Psychologie, Psychiatrie, Anthropologie, vergleichende Religionswissenschaft, Theologie und praktische Seelsorge.

Eine so zusammengesetzte Gruppe könnte sich einer Fülle von Aufgaben widmen. Darunter etwa die folgenden:

A. Fallbeispiele für Todesnähe-Erfahrungen könnten systematisch und planmäßig gesammelt werden. Zum Beispiel könnte man mit Ärzten und anderen Angehörigen des Krankenhauspersonals Kontakt aufnehmen und sie bitten, ihre reanimierten Patienten danach zu befragen, ob sie irgendwelche Erlebniseindrücke zurückbehalten hätten, und die Aussagen weiterzuvermitteln. Man könnte auch um die Erlaubnis bitten, mit einem Forscherteam selber an den Patienten heranzutreten und auszuloten, ob er eine solche Erfahrung gehabt habe. Wichtig: diejenigen Fälle, in denen von überhaupt keinem Erlebnisrest berichtet wird, sind auch von Bedeutung: für vergleichende Untersuchungen!

B. Klinische Dokumente des oben beschriebenen «Nachher»-Typs könnten herausgesucht und zusammengestellt werden für eine möglichst große Anzahl von Todesnähe-Erfahrungen. Damit hätte man eine wertvolle Bestätigung dafür, daß der Patient, der von seiner Todesnähe-Erfahrung spricht, auch wirklich «gestorben» ist oder doch dem Tode sehr nahe gekommen ist. Darüber hinaus könnten diese Daten vielleicht die Möglichkeit eröffnen, wesentlich verläßlichere statistische Durchschnittswerte zu errechnen für den Gesundheitszustand von Personen mit Todesnähe-Erlebnissen; auf diese Weise ließe sich vielleicht feststellen, ob es ein Beziehungsmuster gibt zwischen der Todesursache, dem Lebensalter zum Zeitpunkt des «Todes», den angewendeten Wiederbelebungsverfahren und so weiter. Es könnte eine im statistischen Sinne «bessere» Korrelation, als ich sie erreichen konnte, hergestellt werden zwischen der Zeitdauer, die ein Patient in einer physiologischen Krise verweilt, und der Tiefe oder Reichweite seiner Erfahrung.

C. Man könnte gezielt suchen nach Fallbeispielen, die unabhängige Bestätigung von einer sehr überzeugenden Art zu bieten hätten. «Idealfälle» dieses Typs können zum Beispiel in Anlehnung an die folgenden Grundsätze konstruiert werden:

1. In einem Operationssaal liegt ein Mann, Herr A., und wird von Ärzten und anderem Personal in einer lebensbedrohenden Krisensituation behandelt. Da die Behandlung sich über einige Zeit hinzieht, besteht die Möglichkeit, in geeigne-

ter Weise die nötigen Apparate anzuschließen, so daß das OP-Team seinen Zustand überwachen kann. Das heißt also: Manometer zeigen die Schwankungen des Blutdrucks und der Atemtätigkeit an, während die Herzfunktion auf einem EKG-Streifen registriert werden und ein EEG das Team über seine Gehirnaktivität informiert. Genau zu einem bestimmten Zeitpunkt, der sorgfältig festgehalten wird, erleidet Herr A. einen Kreislauf- und Atemstillstand, und dies ergibt sich sowohl aus äußerlich beobachtbaren Anzeichen als auch aus den Meßwerten der Apparate. Einer der Anwesenden beobachtet und registriert, daß bei Herrn A. die Pupillen weit werden und seine Körpertemperatur zu fallen beginnt. Sofort wird die Reanimation eingeleitet und führt nach einer exakt gestoppten Zeit zum Erfolg. Herr A. erholt sich.

Bald darauf erzählt Herr A. seinen Ärzten, er habe etwas Phantastisches erlebt, während er «tot» war; er sei anscheinend aus seinem Körper herausgetreten und habe den Wiederbelebungsversuch aus einem anderen Blickwinkel mit angesehen. In diesem Zustand, berichtet er, habe er den OP-Saal verlassen und sei an eine andere Stelle gelangt, wo er der Augenzeuge eines ungewöhnlichen Vorgangs wurde, den er bis ins Detail genau beschreiben kann.

Die OP-Mannschaft begnügt sich nicht mit der Feststellung, daß Herr A. die einzelnen Verrichtungen bei der Reanimation zutreffend wiedergibt, sondern überprüft sofort, ob das Ereignis außerhalb des OP-Raums, an dem Herr A. angeblich als Zeuge teilgenommen hat, auch tatsächlich an der genannten Stelle zur genannten Zeit stattgefunden hatte. Ferner kann sichergestellt werden, daß sich dieses Ereignis genau in dem Zeitraum zugetragen hat, in dem Herr A. im Zustand des klinischen Totseins gewesen sein muß, wie der gleichbleibend horizontale Verlauf der EEG- und EKG-Kurven zeigt.

2. Angenommen, zwei oder mehr Personen erleiden gleichzeitig den klinischen «Tod» und werden gerettet. Dies könnte zum Beispiel passieren im Gefolge einer Unfallkatastrophe oder bei dem zufälligen zeitlichen Zusammentreffen des «Sterbetermins» bei zwei oder mehr Personen in derselben Klinik zur selben Zeit. Angenommen weiterhin, daß beide sofort nach ihrer Rückkehr – während sie noch räumlich voneinander isoliert liegen – zu Protokoll geben, sie hätten miteinander Umgang gehabt im Zustand der Ausleibigkeit. Der Inhalt dessen, was während dieses angeblichen Umgangs zwischen ihnen beiden ausgetauscht wurde, müßte von beiden in getrennten Befragungen erhoben werden, solange sie noch voneinander isoliert sind. Wenn die beiden Versionen zueinander passen, dann wäre das sicherlich von einiger Bedeutung und sehr interessant.

Aber auch diese zwei eben beschriebenen «Idealfälle» würden noch lange keinen Beweis darstellen für ein Leben nach dem Tod. Außersinnliche Wahrnehmung könnte als Erklärungsmöglichkeit in beiden Beispielen herangezogen werden. Irgend jemand könnte immer den Ausweg offenhalten, die Versuchspersonen wären ja doch in der Lage gewesen, ihre Beobachtungen zu machen, allerdings nicht durch das Heraustreten aus ihrem Körper, sondern durch telepathisches Gedankenlesen bei Beobachtern, die durchaus körperlich an Ort und Stelle zugegen gewesen waren.

Ich gehe nicht so weit zu behaupten, es sei wahrscheinlich, daß eines Tages jemand mit so perfekten Lehrbuchfällen wie den skizzierten aufwarten könne. Was ich vielmehr dringend empfehle, ist, daß Forschungsfachleute eine Reihe verschiedener theoretischer Modelle entwickeln. Die sollten dann als Standards gelten, mit deren Hilfe die Experten konkrete Fälle mit den häufigsten Werten und mit anderen konkreten Werten vergleichen könnten und auf diese Weise einen Maßstab in die Hand bekommen würden, um damit konkrete Todesnähe-Begegnungen zu klassifizieren.

D. Forscher mit einer psychologischen Ausbildung könnten Tiefeninterviews mit todesnah gewesenen Individuen führen. Daraus ergeben sich möglicherweise wertvolle Aufschlüsse über den Grad, in dem diese Erfahrung den Patienten verändert hat oder in dem die Deutung, die er diesem Geschehnis gab, geformt wurde von seinem Gefühlsleben, seinem geistigen Hintergrund und so weiter. Ein Vergleich der Ergebnisse könnte erhellen, ob und wie Personen, die von eigenen Todesnähe-Erlebnissen berichten, sich voneinander unterscheiden und ob und wie sie sich von der übrigen Bevölkerung abheben.

E. Vielleicht sollte man einzelne Elemente aus Todesnähe-Erlebnissen auch einzeln untersuchen bzw. gesondert erklären. Wenn beispielsweise das surrende Geräusch beim Herannahen des Sterbemoments seine spezifische physiologische Erklärung finden sollte, dann würde daraus noch lange nicht folgen, daß für eines der übrigen Erlebniselemente – wie etwa die Begegnung mit zuvor verstorbenen Angehörigen und Freunden – genau derselbe Typ von Erklärung zu gelten hätte.

F. Eine breitangelegte Recherche könnte sich auf Fälle von Todesnähe-Erfahrung in außereuropäischen Kulturen konzentrieren. Anthropologen könnten ihren Beitrag leisten bei der Sammlung von Todesnähe-Erlebnisberichten aus sehr verschiedenen Kulturen. Eine sorgfältige Sichtung der literarischen Überlieferung könnte frühe Beispiele aus unserer eigenen abendländischen Tradition ausgraben. Ein Fachmann für vergleichende Religionswissenschaft könnte vielleicht Parallelen in den zahlreichen Religionssystemen auf der ganzen Erde nennen. Die Liste der Möglichkeiten hat kein Ende.

G. Personen, die eine Todesnähe-Erfahrung hinter sich haben, könnten sich in Gruppen zusammenfinden und dort über ihre Erlebnisse gemeinsam diskutieren. Ich habe selber schon öfter solche Gruppendiskussionen veranstaltet und sehe darin viele Vorteile. Bis heute sind die meisten, die so etwas erlebt haben, der Meinung, sie stünden damit ganz allein da, oder ein Fall wie der ihre wäre so selten, daß sie niemals damit rechnen könnten, einen Gesprächspartner mit einem ähnlichen Erfahrungshintergrund zu treffen.

Diese Annahme wird nirgendwo so nachhaltig ausgetilgt – und zwar sowohl intellektuell als auch emotional – wie in einer Gruppe. Zudem wird dadurch die Kluft der Unaussprechlichkeit wenigstens teilweise überbrückt. Die Menschen sagen, zum erstenmal hätten sie das Gefühl, jemanden getroffen zu haben, der sie wirklich versteht und sich in sie hineindenken kann trotz der sprachlichen Barrieren. Am Ende einer Gruppenerfahrung dieser Art brach es aus einem Teilnehmer heraus: «Das war der tollste Abend in meinem ganzen Leben! Ich habe über Sachen diskutiert, die ich sonst noch nicht einmal über die Lippen bringen konnte!» Ich habe festgestellt, daß ich als teilnehmender Beobachter bei diesen Gruppenabenden gelernt habe, besser als je vorher zu verstehen, was eine Todesnähe-Erfahrung eigentlich ist.

Dazu möchte ich zwei kleine Hinweise geben. Drei Teilnehmer mit eigener Todesnähe-Erfahrung sind nach meiner Einschätzung die optimale Gruppenstärke. Es kann sich auch als hilfreich erweisen, wenn die anderen Ehehälften oder vergleichbare Lebenspartner einbezogen werden. Sie haben nämlich häufig selber Schwierigkeiten gehabt, dieses Erlebnis ihrer Frau oder ihres Mannes zu verstehen. Und wenn sie nun von dritter Seite ganz ähnliche Berichte zu hören bekommen, dann kann das für sie eine Hilfe sein.

H. Schließlich plädiere ich dafür, mit geschärfter Aufmerksamkeit die Argumente derer aufzugreifen, die dieses Phänomen als durchaus erklärbar ansehen vermittels naturgesetzmäßiger Ursachen und wissenschaftlicher Theoreme, die wir bereits kennen – zum Beispiel: elektrische Restpotentiale im Gehirn. Denn es bedarf keiner Erwähnung, daß die exakten Naturwissenschaften uns sehr weit vorangebracht haben auf dem Weg zur Erkenntnis des Universums.

Gleichermaßen bin ich aber der Meinung, man darf der Verlockung nicht nachgeben, vordergründige naturwissenschaftliche Erklärungen zu akzeptieren, ohne sie vorher einem geeigneten Test unterworfen zu haben. Ich habe von vielen Menschen dem Sinne nach zu hören bekommen, «es läge doch auf der Hand», daß die Erklärung von Todesnähe-Phänomenen «nichts anderes» sei als zum Beispiel cerebrale Anoxie, also Mangelversorgung des Gehirns mit Sauerstoff. Es ist sehr einfach, gleich eine ganze Handvoll derartiger möglicher wissenschaftlicher Erklärungen aus dem Ärmel zu schütteln. Ich finde aber, es fehlt dann immer jegliche experimentelle Grundlage dafür, daß eine so konstruierte Erklärung auch stimmig ist. Wie ich in meinem ersten Buch *Leben nach dem Tod* schon gesagt habe: solche übervereinfachten Erklärungen erfüllen mich immer mit Zweifeln, weil ich immer wieder auf bestimmte Todesnähe-Erfahrungen stoße, bei denen keiner der vorgetragenen Gründe ausreicht zur vollständigen Erklärung des Sachverhalts oder der speziellen Situation, in der sich diese speziellen Todesnähe-Erfahrungen abgespielt haben.

Es besteht ja ein grundsätzlicher Unterschied zwischen dem «Erklären» von etwas und dem bloßen «Wegerklären». Letzteres läuft darauf hinaus, ein neu aufgetauchtes Phänomen auf ein altes zurückzuführen oder zu behaupten, das neue sei in Wahrheit nur ein Spezialfall von längst bekannten Phänomenen (oder vermeintlich bekannten). Nach meinem Dafürhalten sollten wir uns zumindest immer offenhalten für die Möglichkeit, daß Dinge, die wie neuartige Phänomene auszusehen scheinen, auch echte Anomalien sein können – Gegenstände oder Tatsachen, die einfach nicht hineinpassen in den Aufbau vorgefaßter Weltanschauungen. Denn ganz sicher ist es genau dieses Aufgeschlossensein gegenüber etwaigen Anomalien in unserer Erfahrung, was zu allen Zeiten als einer der stärksten Anreize zur Weiter- und Höherentwicklung der menschlichen Erkenntnis gewirkt hat.

V. Einige abschließende Bemerkungen

Ich möchte diesen Abschnitt über methodologische Fragen mit einigen unsystematischen Bemerkungen abschließen, die für eine künftige Forschungsarbeit über dieses Phänomen von Nutzen sein können. Vor allem, glaube ich, sollte man in der Forschung dem Hang abschwören, Todesnähe-Erlebnisse schon allein deshalb als ein der Erforschung unwürdiges Thema vom Tisch zu fegen, weil es darin einige Elemente gibt, die im Widerspruch stehen zu liebgewordenen Vorstellungen von der Natur der Welt.

Ich gebe zu: Todesnähe-Erfahrungen enthalten Aspekte, die nach allem, was wir heute wissen, vollkommen unverständlich sind. Ein Beispiel dafür sind die deutlichen Unvereinbarkeiten im Zeitbegriff. Im zeitgenössischen Denken des abendländischen Kulturkreises gilt Zeit als eine grundlegende Existenzform der Materie, die kontinuierlich linear verläuft. Dagegen versichern Menschen, die aus dem Erlebnis des Todes zurückgekehrt sind, «die Zeit stand still».

Ich weiß auch keine Antworten auf Fragen nach solchen offensichtlichen Anomalien. Gleichwohl bin ich davon überzeugt, eine Menge Physiker und Philosophen würden zugeben, daß die gängige Zeitvorstellung viele Paradoxien in sich birgt – unabhängig davon, ob es im Grenzbereich des Todes visionäre Erfahrungen gibt und was sie beinhalten. Bei der Fülle der Ungereimtheiten im üblichen Zeitbegriff bedeutet die Hereinnahme des zusätzlichen Zeitproblems in Todesnähe-Erlebnissen nicht mehr als einen Tropfen in ein volles Faß zu geben.

Auch möchte ich Forscher vor dem naheliegenden Fehlschluß warnen, daß jemand nur deswegen, weil er «tot» gewesen ist und dabei eine Erfahrung erlebt hat, nun auch alles darüber wissen müßte, was auf der anderen Seite passiert. Kein einziger ist je zurückgekehrt aus dem «Tode» mit der Überzeugung, er sei von nun an unfehlbar und allwissend in Fragen des Lebens im Jenseits eben auf Grund seiner Sterbe-

Erfahrung. Die meisten haben ihre tiefe Verwunderung über alles, was sie erlebt hatten, zum Ausdruck gebracht. Mit anderen Worten: wenn einer hier auf dieser Seite anfällig für Fehler ist, bevor er ein Todeserlebnis hat, dann besteht kein Grund zu der Annahme, er sei nun plötzlich unfehlbar geworden nach seiner Rückkehr aus dem «Tod».

Und schließlich wird es unser Verständnis für den Geist des Menschen wahrscheinlich am meisten fördern, wenn diejenigen, die sich auf eine Erforschung des Leben-Tod-Übergangsfeldes einlassen wollen, immer nur jeweils ein Problem herausgreifen und bearbeiten. Ich vermute, ein riesiges Forschungsprojekt mit dem Ziel, die Existenz eines Lebens nach dem Tode durch das Studium von Todesnähe-Erlebnissen zu beweisen, wäre wahrscheinlich ein verfehlter Ansatz und beim gegenwärtigen Stand unseres Wissens auch wohl ein bißchen zu ehrgeizig. Nach meiner Ansicht wird es *bei einer ausschließlichen Beschränkung auf die Wissenschaft* niemals einen Beweis für ein Leben nach dem Tode geben.

Auf der anderen Seite glaube ich, daß eine große Anzahl klar umrissener Forschungsvorhaben, die jedes für sich darauf abzielen, eine bestimmte und begrenzte experimentelle Hypothese zu überprüfen, sehr viel wahrscheinlicher zu wissenschaftlich brauchbaren Ergebnissen über Todesnähe-Erlebnisse führen würde. Ferner glaube ich, daß sich am Ende einer solchen Anhäufung von Einzelwissen durch diese begrenzten detailversessenen Arbeiten das Thema, ob es ein Weiterleben nach dem Tode gibt, einfach verflüchtigen würde, ohne daß dafür jemals ein sensationeller wissenschaftlicher Beweis vorgelegt worden wäre.

Was ich damit sagen will, möchte ich durch eine Analogie verdeutlichen. Obwohl die meisten von uns an die Existenz von Atomen glauben, hat es dafür meines Wissens nie einen einzelnen schlagenden Beweis gegeben. Statt dessen bedurfte es eines langen geistesgeschichtlichen Prozesses, um dem Wesen dieser hypothetischen Gebilde auf die Spur zu kommen. Schon Jahrhunderte vor Christi Geburt haben griechische Philosophen wie Demokrit eine Atomtheorie der Materie ersonnen. Sie postulierten die Existenz kleinster, «nicht mehr weiter aufspaltbarer» Materieteilchen. Dies taten sie zum Teil auf Grund abstrakter, deduktiver und metaphysischer Denkoperationen, zum Teil aber auch auf Grund ihrer eigenen empirischen Beobachtungen verschiedener Naturerscheinungen wie etwa der Diffusion und unmerklich langsamen Abnutzung großer Gegenstände. In einer jahrhundertelangen Entwicklung wandelte sich die Vorstellung vom Atom, und immer neue Techniken entstanden zum zweifelsfreien Nachweis ihrer Existenz, bis die Atomtheorie ganz allmählich zum festen Bestand des allgemeinen Bewußtseins wurde.

Ich glaube, es liegt im Bereich des Möglichen, daß auf ähnliche Weise fast jeder schließlich auch ohne endgültigen Beweis dahin kommt, verstandesmäßig zu akzeptieren, daß es eine andere Seinsdimension gibt, in welche die Seele nach dem Tode hinüberwechselt. Wir dürfen nicht vergessen, daß es unsere eigene Angst vor der Endgültigkeit des Todes ist, die bei uns durchschimmert, wenn wir von einem Menschen, der ein Sterbeerlebnis gehabt hat, verlangen, er solle *beweisen*, daß es ein Leben nach dem Tod gibt. Den meisten, die eine Todesnähe-Erfahrung durchgemacht haben, scheint gar nichts daran zu liegen, anderen Beweise zu liefern. Eine Kollegin, Fachärztin für Psychiatrie, die selber ihren Beinahe-Tod erlebt hatte, sagte mir einmal: «Wer es selber erfahren hat, der weiß Bescheid. Wer nicht, der soll abwarten.»

Bibliographie

Todesnähe-Erfahrungen und Parallelen

BARRET, WILLIAM: Death-Bed Visions. London: Methuen & Co., 1926

BEDA VENERABILIS: Beda des Ehrwürdigen Kirchengeschichte der Angelsachsen [Historia ecclesiastica gentis Anglorum]. Deutsch von M. M. WILDEN. Schaffhausen: Fr. Hurter'sche Buchhandlung, 1866. §§ 379–385. Seite 264–269

CANNING, RAYMOND R.: «Mormon Return – From – The – Dead Stories». Utah Academy Proceedings XLII (1965); zitiert in: The Sociology of Death, by GLENN M. VERNON. New York: The Ronald Press Co., 1970, Seite 64–65

DELACOUR, JEAN-BAPTISTE: Glimpses of the Beyond. New York: Delacorte Press, 1973

DOBSON, M. ET AL.: «Attitudes and Long Term Adjustment of Patients Surviving Cardiac Arrest». In: British Medical Journal, Vol. 3 (1971), Seite 207–212

HUNTER, R. C. A.: «On The Experience Of Nearly Dying». In: American Journal of Psychiatry, 124 (1967), Seite 122–126

JACKSON, KENNETH H.: A Celtic Miscellany. London: Routledge & Kegan Paul, Ltd., 1971

JAMES, WILLIAM: Die religiöse Erfahrung in ihrer Mannigfaltigkeit [The Varieties of Religions Experience]. Materialien und Studien zu einer Psychologie und Pathologie des religiösen Lebens. Deutsch von GEORG WOBBERMIN. Leipzig: I. C. Hinrichs'sche Buchhandlung, 1907. Aus Kapitel X. Die Mystik; Seite 357–359

[JUNG, CARL GUSTAV:] Erinnerungen, Träume, Gedanken von C. G. Jung. Hrsg. von ANIELA JAFFÉ, Olten: Walter, 8. Auflage 1976

KÜBLER-ROSS, ELISABETH: Interviews mit Sterbenden [On Death and Dying]. Deutsch von ULLA LEIPPE. Stuttgart, Berlin: Kreuz-Verlag, 1969

NEIHARDT, JOHN G.: Black Elk Speaks. New York: Pocket Books, 1972

NOYES, RUSSELL: «The Experience of Dying». In: Psychiatry, Vol 35 (1972), Seite 174–184

NOYES, RUSSELL, und ROY KLETTI: «Depersonalization In The Face Of Life-Threatening Danger: A Description». In: Psychiatry, Vol 39 (1976), Seite 19–27

OSIS, KARL: Deathbed Observations by Physicians and Nurses. Parapsychological Mongraphs, No 3. New York: Parapsychology Foundation, 1961

OSIS, KARL: «What Do The Dying See?» In: Newsletter of the American Society For Psychical Research, 24 (Winter 1975)

PANDEY, CAROL: «The Need For The Psychological Study of Clinical Death». In: Omega, Vol. 2 (1971), Seite 1–9

PLATON: Sämtliche Werke, Band 3: Phaidon, Politeia. Deutsch von FRIEDRICH SCHLEIERMACHER. Rowohlts Klassiker der Literatur und der Wissenschaft Nr. 27. Rein-

bek bei Hamburg: Rowohlt Taschenbuch Verlag GmbH, o. J., Seite 310; 15; 224–226
QUINCEY, THOMAS DE: Bekenntnisse eines englischen Opiumessers, Suspiria de profundis, Die englische Postkutsche, Der Mord als eine schöne Kunst betrachtet [Confessions of An English Opium Eater With Its Sequels Suspiria De Profundis and The English Mail-Coach . . .]. Deutsch von WALTER SCHMIELE. Goverts Neue Bibliothek der Weltliteratur. Stuttgart: Henry Goverts Verlag GmbH, 1962. Seite 115 und 231–232
RITCHIE, GEORGE: Return from Tomorrow. Lincoln, Virginia: Chosen Books, 1977
TYLOR, EDWARD BURNETT: Die Anfänge der Cultur [Primitive Culture]. Untersuchungen über die Entwicklung der Mythologie, Philosophie, Religion, Kunst und Sitte. Unter Mitwirkung des Verfassers ins Deutsche übertragen von J. W. SPENGEL und FR. POSKE. Leipzig: C. F. Winter'sche Verlagshandlung, 1873. Zweiter Band, Seite 50–51
UEKSHUELL K.: «Unbelievable For Many, But Actually A True Occurence». In: Moscow Journal (Ende des 19. Jh.s). In englischer Übersetzung abgedruckt in: Orthodox Life, Vol. 26, No. 4 (1976), Seite 1–36

Zugabe

Im fünften Kapitel werden «Beispiele aus der Geschichte» für das Phänomen der Todesnähe-Erlebnisse genannt und zitiert. Am Ende dieses Kapitels erwähnt der Autor einige Namen und Werke, die vielleicht nicht jedem deutschen Leser so geläufig sind, daß die betreffenden Stellen über Todesnähe-Erlebnisse in ihm sofort konkrete Erinnerungsbilder wachrufen. Zur Abrundung dieser kleinen Anthologie von Beispielen aus der älteren und neueren Literatur werden auf den folgenden Seiten Parallelen zu den von Raymond A. Moody erforschten Todesnähe-Phänomenen im Wortlaut zitiert.

1. *Oscar Lewis:* «Die Kinder von Sánchez. Selbstportrait einer mexikanischen Familie» (1961)

Die Tochter Consuelo erzählt: «Mario war bei der Arbeit, und ich lag ganz allein da. Mir tat alles weh, meine Hüfte und die Beine waren wie zerschlagen. Ich hatte kein Gefühl mehr in den Händen, mein Gesicht war geschwollen, und es kam mir vor, als würden mir die Zähne herausfallen. Außerdem war ich taub. Ich hörte nichts als ein Summen in den Ohren.

Auf einmal verschwanden die Schmerzen. Mein Körper wurde ganz leicht, es war, als ob ich mich plötzlich teilte. Die eine Hälfte schwebte, und die andere blieb im Bett liegen. ‹Endlich›, murmelte ich und merkte, daß ich lächelte. Ich fühlte mich so frei wie noch nie, und dort oben an der

Decke sah ich Ihn. Da erschien ein seltsam grünlich leuchtendes Kreuz mit einer kleinen Flamme in der Mitte. Es kam mir vor, als ob es mich in sich aufnahm. Ich fühlte meinen schmerzenden Körper nicht mehr. Ich war wie ein Schleier, der langsam aufstieg.

Das Gefühl war so schön, daß ich nicht die richtigen Worte finde, um es auszudrücken. Ich kann nur sagen, ich löste mich plötzlich in nichts auf. Danach hatte ich mich mein ganzes Leben gesehnt. Ich empfand ein grenzenloses Glück, eine große, unbeschreibliche Freude. Das dauerte ein paar Minuten. Von fern her hörte ich ein Nachbarskind rufen: ‹Consuelo, da ist jemand, der dich sucht. Ich glaube, es ist dein Papa!› Erst dann verschwand alles. Ich wünschte, es wäre immer so geblieben. Als ich zu mir kam, spürte ich heftige Schmerzen im Unterleib, und ich umarmte meinen Vater.»

2. *Ernst Jünger:* «Tagebücher» (1946)

Kirchhorst, 30. Januar 1946

Der Wagen war geliehen, und man merkte ihm die Kriegsjahre an. Die Hinfahrt bestand er noch schlecht und recht. Die Rückfahrt begann damit, daß wir das Auspuffrohr verloren; dann versagte die Bremse, zum Glück an einer Stelle, an der kein Straßengraben war, so daß wir unbeschädigt auf einer Wiese landeten.

Vor Stuttgart fuhren wir die große Steige bei Leonberg hinauf. Ich saß im Fond und las ein Manuskript, das Friedrich Georg mir mitgegeben hatte, als etwas Merkwürdiges geschah. Ich fühlte eine Art von Betäubung, während der

Lebensgeist sich von mir trennte und hoch in die Lüfte stieg. Danach senkte er sich herunter und nahm wieder Besitz von mir. Ich hörte auf der Straße Schreie von Frauen, fühlte einen Aufschlag und sah, daß ich im Freien saß.

Was war geschehen? Ein polnischer Lastwagen, der uns entgegenkam, war in einer vereisten Kurve ausgeglitten und hatte unser Verdeck rasiert. Sein schwerer Aufbau war über unsere Köpfe hinweggestrichen, während er den Wagen zertrümmerte. Mein Mantel war mit Glassplittern besät.

Wir stiegen aus und sahen, wie das Öl aus den zerbrochenen Leitungen floß und den Schnee grün färbte. Hart neben der Straße fiel ein Steilhang ab. Wir waren offensichtlich gut davongekommen und hatten allen Anlaß, dankbar zu sein.

Erstaunlich blieb mir an dem Ereignis, daß ich, obwohl in meine Lektüre vertieft, die Gefahr kurz vorher wahrgenommen haben mußte; ich hatte sie aus einer anderen Dimension bemerkt. Das Unverletzliche entfernt sich dann aus unserem Körper und nähert sich ihm von außen wieder, ihn als sein Instrument betastend, ob er intakt geblieben ist. In diesem Augenblick stand Perpetua in Kirchhorst am Fenster und sagte zu Alexander: «Jetzt hat der Vater einen Unfall gehabt.» Die Erde ist klein.

3. *Ernest Hemingway:* «In einem andern Land» (1929)

Ich aß das Ende meines Käsestückchens und spülte es mit Wein herunter. Durch all den anderen Lärm hindurch hörte ich ein Husten, dann kam das tschu, tschu, tschu – dann ein Aufflammen, als wenn die Tür eines Hochofens aufgerissen wird, und ein Brüllen, das weiß anfing und rot wurde und weiter und weiter anschwoll in einem sausenden Sturm. Ich versuchte zu atmen, aber mein Atem blieb weg, und ich fühlte, wie ich sausend meinen Körper verließ, raus, raus, raus, und die ganze Zeit über spürte ich deutlich meinen Körper im Wind. Ich fuhr geschwind aus mir heraus, mein ganzes Ich, und ich wußte, daß ich tot war und daß es gar nicht wahr ist, wenn man denkt, man stürbe einfach. Dann trieb ich dahin, und anstatt daß es weiterging, fühlte ich mich zurückgleiten. Ich atmete, und da war ich wieder. Der Boden war aufgerissen, und vor meinem Kopf lag ein zersplitterter Holzbalken. Durch das Dröhnen in meinem Kopf hindurch hörte ich jemand weinen. Ich dachte, da schreit jemand. Ich versuchte mich zu bewegen, aber ich konnte mich nicht bewegen. Ich hörte die Maschinengewehre und Gewehre über den Fluß und den ganzen Fluß entlang feuern. Es gab ein großes Aufspritzen, und ich sah Leuchtkugeln aufsteigen und Bomben losgehen, all dies in einem einzigen Moment, und dann hörte ich dicht neben mir jemand sagen: *«Mamma mia! O mamma mia!»*

4. *Leo Tolstoi:* «Der Tod des Iwan Iljitsch» (1886)

Von dieser Minute an begann sein drei Tage lang ununterbrochen andauerndes Schreien, das noch im übernächsten Zimmer zu hören war und so fürchterlich klang, daß es jeden erschauern ließ. In jenem Augenblick, als er seiner Frau geantwortet hatte, war ihm klargeworden, daß er verloren war, daß es keine Rückkehr gab, daß ihm das Ende, das endgültige Ende unmittelbar bevorstand, daß seine Zweifel ungelöst waren und er sie ungelöst mit ins Grab nehmen werde.

«Uh! U-u-u! Uh!» schrie er in verschiedenen Intonationen. Zuallererst hatte er geschrien: «Weg du!», und so klangen seine Schreie auch weiter auf den U-Laut aus.

Während dieser ganzen drei Tage, in denen ihm jeder Zeitbegriff fehlte, hatte er wieder das Gefühl, von einer unsichtbaren, unüberwindlichen Kraft in einen schwarzen Sack hineingezwängt zu werden. Er schlug um sich, wie es ein zum Tode Verurteilter in den Armen des Henkers tut, wußte aber zugleich, daß es keine Rettung für ihn gab; mit jeder Minute erkannte er deutlicher, daß er sich ungeachtet seines krampfhaften Widerstands immer mehr dem Augenblick näherte, vor dem ihm so graute. Er fühlte, daß seine Qualen davon herrührten, daß er in diesen dunklen Schlund gesteckt werden sollte, und daß sie noch verstärkt wurden, weil man ihn nicht ganz hineinzwängen konnte. Verhindert wurde es nämlich durch seine Überzeugung, sein Leben sei untadelhaft gewesen. Diese Rechtfertigung seines Lebens umklammerte ihn, hielt ihn zurück und bereitete ihm damit die allerschlimmsten Qualen.

Plötzlich war ihm, als stoße ihn jemand gegen die Brust und in die Seite, seine Atembeklemmungen verstärkten sich, er versank in den Schlund und sah dort auf dem Grunde des Schlundes etwas aufleuchten. Es erging ihm ähnlich, wie es einem zuweilen bei einer Bahnfaht ergeht, wenn man vorwärts zu fahren glaubt, in Wirklichkeit jedoch rückwärts fährt und auf einmal die tatsächliche Richtung erkennt.

Ja, es ist alles verkehrt gewesen, dachte er. Aber das ist nicht so schlimm, man kann, bestimmt kann man das Richtige noch nachholen. Aber was ist «das Richtige»? fragte er sich und wurde plötzlich still.

Das geschah am Ende des dritten Tages, eine Stunde vor seinem Tode. Zur selben Zeit war sein Sohn, der Gymnasiast, leise ins Zimmer gekommen und an das Bett herangetreten. Der Sterbende schrie immer noch verzweifelt, schlug um sich und traf mit der einen Hand den Kopf des Gymnasiasten. Der Gymnasiast ergriff die Hand, preßte sie an die Lippen und brach in Tränen aus.

Das war der Augenblick, als Iwan Iljitsch in den Schlund gefallen war, auf dessen Grund er das Licht erblickt hatte und ihm die Erleuchtung gekommen war, daß er verkehrt gelebt habe, was sich jedoch, wie er glaubte, noch wiedergutmachen lasse; und als er sich hierauf fragte, was denn «das Richtige» sei, und in Erwartung einer Antwort den Atem anhielt, spürte er plötzlich, daß ihm jemand die Hand küßte. Er öffnete die Augen und nahm seinen Sohn wahr. Der Junge tat ihm leid. Seine Frau kam hinzu. Er wandte sich zu ihr um. Den Mund halb geöffnet und die Wangen naß von Tränen, sah sie ihn voller Verzweiflung an. Auch sie tat ihm leid.

Ja, ich quäle alle, dachte er. Sie haben Mitleid mit mir, aber sie werden es besser haben, wenn ich erst gestorben bin ... Er wollte ihnen das sagen, fand jedoch nicht mehr die Kraft dazu. Nun, wozu soll ich noch viel Worte machen, ich muß eben wirklich sterben, dachte er. Er deutete mit dem Kopf auf den Sohn und sagte, mühsam die Worte hervorbringend, zu seiner Frau:

«Führ ihn ... hinaus, er tut ... mir leid ... und du auch ...» Er wollte noch hinzufügen: Verzeiht mir, versprach sich jedoch und sagte irgendein ähnlich klingendes, anderes Wort, und zu entkräftet, um sich noch korrigieren zu können, machte er nur eine resignierte Handbewegung: der, dem es gilt, dachte er, wird es schon richtig verstehen.

Und plötzlich nahm er wahr, daß sich für all die unentwirrbaren Fragen, die ihn so lange gequält hatten, unversehens und zugleich von zwei, von zehn, von allen Seiten die Lösung zeigte.

Ja, sie sind zu bedauern, sagte er sich in Gedanken an seine Angehörigen. Ich muß dafür sorgen, daß sie nicht mehr zu leiden haben, muß sie und mich selbst von allen diesen Qualen befreien. Wie schön wird das sein und wie einfach ... Und meine Schmerzen? fragte er sich. Was wird aus ihnen werden? Sind sie überhaupt noch da?

Er betastete seinen Leib.

Ja, da stecken sie noch. Nun mögen sie bleiben ... Und der Tod? Wie ist es mit dem?

Er entsann sich seiner bisherigen ständigen Angst vor dem Tode und empfand jetzt nichts mehr davon. Was bedeutet der Tod? Das Gespenst des Todes war verschwunden, weil es keinen Tod mehr für ihn gab.

An die Stelle des Todes war Licht getreten.

«Also so ist es!» sagte er plötzlich laut vor sich hin. «Welche Freude!»

Für ihn vollzog sich das alles in einem einzigen Augenblick, und die Bedeutung dieses Augenblicks änderte sich nicht mehr. Für die Anwesenden hingegen dauerte seine Agonie noch zwei Stunden. In seiner Brust hörte man ein Röcheln und schnarrende Laute, und hin und wieder zuckte sein abgezehrter Körper. Dann ließ das Röcheln und Schnarren allmählich nach.

«Es ist zu Ende!» sagte jemand, der sich über ihn gebeugt hatte.

Er hörte diese Worte und wiederholte sie in seiner Seele. Der Tod ist vorüber, sagte er sich, es gibt ihn nicht mehr.

Er schöpfte tief Atem, hielt mitten dabei inne, streckte sich aus und verschied.

Über den Autor

Raymond A. Moody ist verheiratet und hat zwei Söhne. Nach Studium der Philosophie (Spezialgebiete: Logik, Ethik, Linguistik) Promotion zum Dr. phil. und Dozentur für Philosophie. Dann Studium der Medizin, Promotion zum Dr. med. und Ausbildung zum Facharzt für Psychiatrie und Nervenheilkunde. Noch während des Studiums Beginn der Forschungsarbeit an unerklärten Phänomenen im Grenzbereich zwischen Leben und Tod. Ausgedehnte Vortragstätigkeit über thanatologische Fragen.

Da ernsthafte Untersuchungen über das Weiterleben nach Eintritt des medizinisch definierten Todes Neuland sind, besaß Dr. Moody zunächst keine Kenntnis von ähnlich gerichteten Forschungsprojekten anderer Wissenschaftler. Erst mit dem Versand von Vorausexemplaren seines ersten Buches *Leben nach dem Tod* kam er in Kontakt mit Frau Dr. Elisabeth Kübler-Ross, deren Arbeit nicht nur parallel lief zu seiner eigenen, sondern seine Befunde unabhängig belegt hatte, obwohl die beiden ärztlichen Autoren einander erst im Frühjahr 1976 kennengelernt hatten.

Nach dem weltweiten Aufsehen, das Moodys erstes Buch *Leben nach dem Tod* erregt hat, legt der Autor nun zur Erklärung, Abrundung und Vertiefung seine *Nachgedanken über das Leben nach dem Tod* vor.

Dr. med. Raymond A. Moody

Leben nach dem Tod

Die Erforschung einer unerklärten Erfahrung

Im Verlauf langjähriger Untersuchungen gelang es Dr. Moody 150 Fälle ausfindig zu machen, bei denen Menschen, die klinisch bereits tot waren, dann aber doch weitergelebt haben, aus eigener Anschauung von ihrer Erfahrung jenseits der Grenze berichten konnten. Das sensationell anmutende Forschungsmaterial, aus den Grenzbereichen des Todes, ist für die Philosophie, die Medizin und die Seelsorge gleichermaßen von weitreichender Bedeutung.

Inhalt:

Rowohlt